Tengo la bendición de que Judah no solo sea mi pastor, sino también mi amigo. Cuando veo a Judah predicar, o leo lo que escribe, es experimentar que alguien haga exactamente aquello para lo que fue creado.

—Tim Tebow, conferenciante, activista y autor de libros de mayor venta

Sin duda, uno de los mejores comunicadores de nuestra generación es Judah Smith. Su habilidad para cautivar a una multitud es solamente superada por su interés y preocupación por el individuo. He observado orgullosamente cómo su capacidad de liderazgo ha crecido y se ha estirado en medio de todas las temporadas de la vida; incluyendo pérdidas, quebrantos de corazón y cambios. Sin importar la temporada en la que se encuentre, no hay nadie en quien yo pueda pensar que esté más calificado, ni que sea más agradable, con quien usted se pueda sentar para responderle la pregunta: "¿Cómo está su alma?". Disfrute al descubrir buen humor, sabiduría y consejo santo dentro de estas páginas.

—Brian Houston, fundador y pastor principal global de Hillsong Church

Judah Smith ha invertido su vida "trabajando" con las almas. En *¿Cómo está su alma?* comparte su dirección para obtener un mejor entendimiento de lo que está sucediendo dentro de todos y cada uno de nosotros. Trabajar con el alma es trabajar con la vida.

—Maria Shriver, periodista, productora y autora de mayor venta

Judah Smith es un escritor y un comunicador excepcional. Su habilidad para contar una historia y al mismo tiempo comunicar un principio transformador no tiene igual. En *¿Cómo está su alma?* es honesto con su propia travesía, y al mismo tiempo nos alienta a todos nosotros a llegar a ese lugar llamado hogar; ese sentir de paz incluso dentro del mundo acelerado en el que vivimos. Usted se reirá, aprenderá y recibirá herramientas prácticas a medida que haga la travesía hacia un alma saludable. ¡Adquiera un ejemplar de este libro para usted y otro para un amigo!

—Holly Wagner, pastora de Oasis Church LA; autora de *Find Your Brave* [Encuentre su coraje]

¿CÓMO ESTÁ SU ALMA?

¿CÓMO ESTÁ SU ALMA?

JUDAH SMITH

CASA
CREACIÓN

Executive Dr., Carol Stream, IL 60188, Estados Unidos de América.
Todos los derechos reservados.

Las citas de la Escritura marcadas (TLA) corresponden a la
Traducción en lenguaje actual Copyright © Sociedades Bíblicas
Unidas, 2000. Usado con permiso.

Las citas bíblicas marcadas con (NBLH) han sido tomadas de la
Nueva Biblia Latinoamericana de Hoy, Copyright © 2005 by The
Lockman Foundation, La Habra, California.

Traducido por: www.pica6.com (con la colaboración de Salvador
Eguiarte D.G.)
Diseño de la portada por: Vincent Pirozzi
Director de diseño: Justin Evans

Published in association with the literary agency of The FEDD
Agency, Inc., Post Office Box 341973, Austin, Texas 78734.

Visite la página web del autor: www.thecity.org

Published by arrangement with Thomas Nelson, a division of
HarperCollins Christian Publishing, Inc.

Library of Congress Control Number: 2017931928
ISBN: 978-1-62999-058-3
E-book: 978-1-62999-328-7

Impreso en los Estados Unidos de América
17 18 19 20 21 * 7 6 5 4 3 2 1

Para mi hermana Wendy, a quien admiro, considero un ejemplo y como quien todavía quiero ser.

CONTENIDO

INTRODUCCIÓN

Alguna vez alguien lo ha mirado profundamente hasta el alma y le ha preguntado: —¿Estás bien?

No estoy hablando acerca de un conocido casual. Me refiero a alguien que realmente lo conozca. Alguien que lo entienda. Alguien que perciba sus luchas no expresadas y que se interese lo suficiente como para presionar y sondear más allá de su superficial: —Estoy bien, gracias.

El hecho de que la persona tenga que preguntarle si está bien significa que probablemente usted *no* se encuentre bien. Ambos lo saben. Pero la oferta de dialogar acerca de ello es en cierta manera consoladora. Incluso sanadora.

—De hecho...no. No creo estar bien. O sea, voy a estar bien; estoy seguro de eso. Voy a superarlo. Pero en este momento mi mundo está de cabeza. No entiendo lo que estoy pensando o sintiendo.

—Aquí estoy contigo. Si quieres hablar, solo dime.

Para ser honestos, no hay demasiados amigos así allá afuera. E incluso, cuando la gente trata de sondear más profundo, tendemos a evitar las preguntas que inquieren en nuestra alma tanto como nos sea posible. La vulnerabilidad es intimidante. Se siente más seguro ser superficial.

—¿Yo? Pues, estoy excelentemente bien. Me está yendo bien en el trabajo…Estoy alcanzando mis metas financieras… Acabo de firmar con un estudio de grabación…Los niños están obteniendo buenas notas…Estoy yendo regularmente al gimnasio…Sí, estoy bien…Solo un poco cansado. Sin problemas. ¿Por qué preguntas?

Tendemos a usar indicadores externos de éxito para probar lo "bien" que estamos. Pero ninguna de estas cosas—ni la riqueza, ni la fama, ni la familia, ni las metas alcanzadas—significan que estemos saludables y felices por dentro.

Este es un libro acerca de estar bien por dentro. Es un libro acerca de estar satisfecho, estable y saludable en el nivel del alma.

La pregunta: "¿Estás bien?", es atemorizante porque tiene que ver con el usted verdadero; no con sus logros o actividades, sino con sus emociones, sus pensamientos, sus decisiones, sus valores y sus deseos.

En mi caso, con frecuencia no quiero conocer la respuesta. En lo profundo, temo que *no* estoy bien. Tengo contradicciones internas que preferiría no enfrentar.

Por eso es que este es probablemente el libro más intimidante que he escrito hasta la fecha. Sé que es algo extraño que un autor reconozca esto, pero es cierto. Escribir acerca de la salud interna, de la estabilidad emocional y de otros temas relacionados con el alma es un asunto vulnerable, porque antes de ser escritor, pastor o conferenciante, soy humano. ¿Cómo puedo hablar y enseñar sobre el tema si mi propia alma está torcida y tiene algunos defectos?

Este libro es el resultado de batallar con preguntas como estas en mi propia vida y experiencia. Estoy en una travesía, al igual que todos los demás. No estoy aquí para decirle qué creer o cómo actuar. Es cierto que he aprendido algunas cosas en el camino, y espero que le ayuden. Pero para nada soy un experto en el ser interior. No tengo la intención de hacer creer que soy la última palabra en cómo debe lucir un alma o cómo arreglar un corazón quebrantado.

Cuando se trata del alma humana, no creo que ninguno de nosotros pueda afirmar tener todo resuelto. Hace más de dos mil quinientos años el profeta Jeremías le dio a la antigua nación de Israel un mensaje de parte de Dios: "Engañoso es el corazón más que todas las cosas, y perverso; ¿quién lo conocerá?" (Jeremías 17:9).

Eso no es muy alentador. Pero Jeremías no estaba siendo cínico, estaba siendo honesto. Simplemente estaba declarando la condición humana. Aparentemente había estado cara a cara con los mismos temores que nosotros enfrentamos: que probablemente en lo profundo no lo tengamos todo resuelto; que probablemente nuestro interior no está bien.

No obstante, el mensaje de Dios en Jeremías no se detiene allí. El siguiente versículo dice: "Yo Jehová, que escudriño la mente, que pruebo el corazón" (Jeremías 17:10). En otras palabras, no siempre podemos resolverlo todo, pero Dios sí. Nos conoce mejor de lo que nos conocemos a nosotros mismos. Por eso es que el corazón de este libro no es elevar nuestras opiniones o experiencias humanas, sino aprender del que diseñó nuestra alma en primer lugar: Dios.

Usted pronto se va a dar cuenta—si no es que ya lo sabe—que soy una persona aficionada a la Biblia y a Jesucristo. Creo que Dios es real y que se preocupa por lo que sucede en este planeta. Creo que la única manera de encontrarle sentido a esta vida es incluir a Dios en nuestros planes y ecuaciones.

Incluso si usted no está seguro sobre lo que cree acerca

de Dios o de Jesús o de la Biblia, creo que usted se podrá identificar con mucho de lo que dice la Escritura. Es, después de todo, una colección de la sabiduría y las experiencias de vida de cuarenta autores distintos, escrita a lo largo de mil quinientos años. Así que, por lo menos, lo invito a que aborde la Biblia como un compendio de sabiduría y filosofía antigua. Quizá haya algunas cosas que usted pueda obtener de ella que se pueden aplicar a nuestra vida en el siglo veintiuno. Y si la Biblia es realmente el mensaje perfecto e inspirado de Dios para la humanidad—como yo creo que es—, entonces vale la pena escuchar lo que el Creador quiere decir con respecto a esta cosa complicada que llamamos el alma.

¿Por qué es esto importante? ¿Por qué importa nuestra alma? ¿Por qué deberíamos preocuparnos por la salud de nuestra alma? Porque no importa quiénes seamos, y no importa por cuánto tiempo o qué tan bien hayamos estado navegando la vida, habrá momentos en los que nuestra alma se encuentre en lugares oscuros; momentos en los que dudemos de nuestra estabilidad interna y cuando nos preguntemos si estamos bien en realidad.

En momentos como esos, ¿cómo respondemos? ¿Esperamos hasta ser perfectos antes de proceder? ¿Buscamos los seis pasos a prueba de tontos hacia la estabilidad del alma? ¿Nos congelamos de temor al fracaso?

Después de todo, la estabilidad y la seguridad y el estado final de nuestra alma necesita estar en manos de alguien que sea mayor que nuestra alma y más grande que nuestra conmoción. Ese alguien es Dios, y nos está invitando a ir en un viaje de descubrimiento del alma y de la salud de nuestro interior con Él.

uno

HOGAR, DULCE HOGAR

Detesto viajar.

Para ser claros, me encanta *llegar*. ¿A quién no le gusta llegar? Llegar es emocionante y excitante y atractivo. Pero, lamentablemente, uno no puede llegar sin viajar. Y viajar—el proceso de ir del punto A al B—puede ser un poco doloroso, particularmente si tiene que ver con alguna forma de *tránsito en masa*. Y con tránsito en masa quiero decir en manada con otros seres humanos.

Ahora bien, no tengo nada en contra de otras personas. Me encanta la gente. Soy pastor, después de todo. Pero hay algo con respecto a estar sellado en un cilindro metálico en el aire durante horas sin fin con cientos de extraños que es simplemente…desafiante. Y claustrofóbico. Y quizá ligeramente aterrador.

Por eso es que cuando vuelo, con frecuencia me pongo una sudadera con capucha y me aíslo del mundo. Y es por eso que, después de un largo viaje, una emoción peculiar inunda mi ser cuando entro a mi casa. Es el sentimiento de estar en *casa*.

No hay lugar como el hogar, dicen los felpudos en todas partes. *Bienvenido a casa. Hogar, dulce hogar. El hogar es*

donde está el corazón. Tu casa es donde cuelgas tu sombrero.
Mi hogar es mi castillo...Ya captó la idea.

No hay sensación en el planeta semejante a llegar a casa. Estoy seguro de que usted también lo ha sentido. Su casa podría no ser exquisita, podría no ser extraordinaria, podría no ser muy grande, pero es suya. Sin importar que sea suya, la rente, la haya construido o la haya tomado prestada, es su hogar. Incluso si tiene compañeros de cuarto y todos comparten una casa, esa habitación es su espacio. Su hogar es su cordura y su santuario. Es donde usted es completamente usted mismo.

El hogar es terapéutico. Me encanta llegar a casa. En particular, me encanta llegar a casa a mi propio baño y a mi propio inodoro. Eso quizá sea demasiado honesto, pero igualmente podríamos iniciar este libro con el pie derecho.

Después de estar de gira durante varios días tratando con diferentes sanitarios públicos y habitaciones de hotel, literalmente sonrío el ver mi inodoro: —Qué tal, amiguito. Encantado de verte. Te extrañé.

¿Sabe cuál es la mejor parte de usar su propio inodoro? No se necesita poner papel para cubrir el asiento. Que tedioso es eso. Entiendo que en proporción con la gran escala del cosmos, y a la luz de la difícil situación humana y de la paz mundial y del calentamiento global, esto probablemente es un problema sin importancia. Pero en ese momento es real.

No obstante, en casa, su inodoro está limpio, higiénico y acogedor; a menos que tenga niños que estén aprendiendo a ir al baño, en cuyo caso recomiendo las cubiertas de asiento. Y un desinfectante. Y trajes especiales contra materiales peligrosos. O, simplemente ríndase y utilice los sanitarios públicos porque probablemente estén más limpios.

Además de tener sanitarios amigables, hay algo más que me

gusta de llegar a casa: *los lugares de depósito*. Me refiero a: los sitios donde usted deja sus cosas. Estos son lugares específicos donde, en el segundo que entra por la puerta, usted deposita lo que sea que venga cargando.

Los lugares de depósito son uno de los elementos más subestimados de un hogar, pero todos los tenemos. Usualmente, estos lugares de depósito no son planificados. Se desarrollan. Justo *aquí* es donde pongo mis llaves. Más *allá* es donde pongo la maleta.

Mientras estoy en este tema: Esposas, necesitan comprender que un hombre tiene sus lugares de depósito, y son importantes. Sé que uno de ellos podría encontrarse en el centro de la sala de estar, pero así está planeado. Así está calculado.

Voy al mismo sitio cada vez que estoy buscando mi talega naranja. Es verdad que el sitio es esencialmente en medio de la cocina, pero allí es donde pongo mi talega. Y si no está allí, grito estirando las sílabas: —¿Dónde está mi talega naranja? ¿Por qué no está aquí mi talega naranja? Aquí la dejé. Debería estar aquí.

Y la voz de la razón y el orden que comparte mi hogar conmigo me dirá: —Está en su lugar: en el armario.

—Perdón, pero no…ese no es su lugar. Ese no es su lugar de depósito.

Es la historia de mi vida.

Como sea, el hogar es donde uno tiene esos lugares de depósito. El hogar es donde usted le sonríe al inodoro. Su hogar es donde es recibido con aromas nostálgicos. Su hogar es donde usted pertenece, donde reposa, donde finalmente se quita la faja.

Quiero aclarar que no he tenido que usar una faja en mucho tiempo, a Dios sea la gloria.

Es sorprendente lo necesario que es el hogar. Usted puede

recorrer el mundo, pero poco tiempo después de partir comienza a añorar su casa, antes de que sea genuinamente necesario volver a su hogar. Creo que emocional y psicológicamente, todos necesitamos un lugar identificado, un lugar literal que podamos llamar nuestro hogar, con el fin de mantenernos cuerdos, saludables y equilibrados.

Todos necesitamos llegar a casa. Y eso me lleva a la idea central de todo este libro.

¿CÓMO ESTÁ SU ALMA?

Hace tiempo estaba pensando acerca de este concepto, del hogar. Comencé a preguntarme: Si mi cuerpo físico necesita ir regularmente a casa con el fin de estar saludable, ¿mi alma también? ¿Tendrá mi alma un hogar? Si este cuerpo externo, tangible y tridimensional necesita un espacio para simplemente reposar y ser él mismo, ¿qué hay de mi interior?

Entonces me hice una última pregunta: *¿Cuándo fue la última vez que mi alma estuvo en casa?*

Eran preguntas extrañas. Reflexiones aleatorias en un momento de melancolía. Pero terminaron llevándome en una travesía que cambió mi manera de acercarme a Dios y a la vida. Se convirtió en una exploración y descubrimiento de cómo vivir la vida saludable y plena que yo creo que Dios quiere que tengamos.

Entre más estudiaba las ramificaciones e implicaciones del alma en la Escritura, más cuenta me di de que nuestra alma es esencial para nuestra existencia, y de que un alma saludable es de suprema importancia para una vida saludable.

Usted puede tener millones en el banco, un Maserati en el garaje y más seguidores en las redes sociales que el papa, pero a menos que su alma esté saludable, no será feliz. De hecho, el papa sí está en las redes sociales, en caso de que se lo esté preguntando. Pero no creo que esté en Snapchat. Qué mal. Lo añadiría si tuviera una cuenta; eso sería maravilloso.

Pero usted me entiende.

De igual manera, usted podría estar batallando en las circunstancias más dolorosas y confusas de su vida, pero si su alma es sana, usted estará bien. Encontrará la fuerza y la esperanza que necesita para capotear las tormentas.

Hay una carta en el Nuevo Testamento que conocemos como 3 Juan que se refiere a la salud de nuestra alma. Fue escrita, lógicamente, por el apóstol Juan. Este fue el Juan que se etiquetó a sí mismo como "el discípulo al que Jesús amaba" en su Evangelio. Escribí acerca de él y de su sobrenombre en mi libro *Life Is* _____ [La vida es _____]. No tuvo problemas para creer que era especial, que era amado y aceptado, que era el favorito de Dios. Se definió a sí mismo por lo mucho que Dios lo amaba. Creo que, si cada uno de nosotros adoptara esa actitud resolvería mucha de la agitación que enfrentamos.

En una nota al margen, creo que voy a adaptar y a adoptar el sobrenombre de Juan para los Seahawks de Seattle. "El equipo al que Jesús amaba". Suena bien.

Juan escribió 3 Juan para un hombre llamado Gayo, quien era un cristiano, un amigo y posiblemente un líder de la iglesia. Juan escribió: "Amado, yo deseo que tú seas prosperado en todas las cosas, y que tengas salud, así como prospera tu alma" (3 Juan 1:2).

La versión en inglés *The Message* parafrasea el versículo así: "Somos los mejores amigos, y oro por buena fortuna en todo lo que haces, y por tu buena salud; ¡que tus asuntos cotidianos prosperen al igual que tu alma!".

Es un pequeño versículo en una epístola pequeña, escondido al final del Nuevo Testamento, pero no deje que eso lo engañe. Incrustada en este versículo hay una verdad que pasaremos el resto de nuestra vida entendiendo y aplicando: Cada uno de nosotros tiene un *alma*. Y esa alma debe ser *saludable*.

He leído este versículo varias veces en mi vida, y lo he escuchado ser predicado más de una vez. Si usted es seguidor de Jesucristo y ha estado en la iglesia un tiempo ya, probablemente también lo haya escuchado.

Usualmente la aplicación es esta: Dios quiere bendecirlo. Dios quiere darle salud. Dios quiere darle suficiente dinero para sus necesidades, además de un poco adicional para compartirlo con otros. Dios quiere prosperarlo externamente, así como lo ha prosperado internamente.

Esas aplicaciones son buenas y ciertas. Estoy de acuerdo con todas esas cosas. Pero en esta aplicación, con frecuencia damos por sentado que nuestra alma es saludable. Es algo básico. Suponemos que una vez que somos salvos, perdonados y aceptados por Dios, nuestro "ser interior" queda libre de todo mantenimiento. Tenemos paz con Dios, así que debemos tener paz con nosotros mismos. Estamos bien delante de Dios, así que deberíamos estar bien dentro de nosotros mismos...¿no es así? Y nos seguimos leyendo el resto del versículo.

¿Pero está bien nuestra alma? ¿Está nuestro ser interior realmente firme, estable y seguro? ¿Alguna vez nos detenemos a pensar en ello?

Creo con todo mi corazón que Dios desea que tengamos vidas felices, asombrosas y exitosas. Pero estoy un poco preocupado de que en nuestra emoción de prosperar en nuestros "asuntos cotidianos" como dice en *The Message*, podemos terminar dorando la píldora con respecto a la parte de la salud de nuestra alma.

Y ese es un problema. Primero y sobre todo, Dios quiere que

nuestra *alma* esté bien. Por eso es que Juan ora que nos vaya bien en nuestro ser físico exterior al igual que en nuestra alma.

De hecho, este versículo al parecer da a entender que hasta que nuestra alma esté saludable y prosperando, nada más puede prosperar. En otras palabras, nuestra salud y bienestar no avanzan de afuera hacia dentro, sino de adentro hacia fuera.

Podemos ser las personas más populares, prósperas y hermosas que existan, pero por dentro podemos todavía estar vacíos. Hasta que nuestra alma esté en paz, hasta que nuestra alma esté estable, hasta que nuestra alma esté saludable, esas cosas externas no nos traerán la satisfacción que anhelamos.

¿Es nuestra alma saludable? Esa es la pregunta que deberíamos estar haciéndonos.

Nuestro cuerpo físico recibe mucha atención, por supuesto. Nos hacemos revisiones generales anuales. Vamos al dentista. Nos inscribimos a yoga activa, CrossFit y Pilates y fingimos que nos gustan. En una manera similar, nuestra cuenta de banco y vehículos y niños y céspedes obtienen atención regular. Invertimos en finanzas sanas, familias sanas, educación sana y cuerpos sanos.

Pero rara vez, si es que alguna vez, nos enfocamos en nuestra alma. No tenemos revisiones generales del alma de rutina. No andamos por ahí, preguntándonos unos a otros:
—Entonces, ¿cómo está tu alma?

Pero probablemente deberíamos hacerlo.

Me encanta la idea de que las cosas pueden ir bien con nuestra alma; que nuestra alma debe prosperar. En lo profundo, ¿no es lo que todos estamos buscando? Tenemos un sentido innato, intuitivo, de que fuimos diseñados para estar en paz tanto dentro como fuera. En alguna manera sentimos que la felicidad, la plenitud, la realización, el gozo, el reposo y el amor se suponen que son el estado natural de la raza humana.

Pero con frecuencia nuestra realidad se queda muy atrás de ese ideal. Hay dolor a nuestro alrededor y caos dentro de nosotros. Batallamos por estar en paz. Luchamos para encontrar la felicidad. Anhelamos reposo interno. Nos sentimos fuera de alineación por dentro, y no estamos realmente seguros de cómo enderezarnos.

Nuestra solución típica cuando encontramos problemas en el interior es redoblar nuestros esfuerzos en el exterior. Probablemente, usted ha intentado esto.

Es demasiado fácil hacer que la vida se trate de mi exterior, el yo externo, el yo físico. Caemos en la trampa de pensar que si podemos ser saludables, acaudalados, populares, productivos y de influencia, entonces la vida será buena. Así que nos lanzamos a la persecución, pensando que la felicidad interna vendrá del éxito externo. Si simplemente nos esforzamos lo suficiente, si esperamos lo suficiente, si llegamos al siguiente nivel, nos vamos a sentir en paz.

Hay dos resultados comunes de este método, y ambos son bastante deprimentes. Disculpe mi pesimismo mientras llego al punto principal; prometo que las cosas se pondrán más alegres en un momento.

En el primer resultado, usted se esfuerza tanto como puede para arreglar las circunstancias que están echando a perder su felicidad, solo para descubrir finalmente que no lo puede hacer. No puede vencer la leucemia. No puede cambiar a su cónyuge infiel. No puede traer de vuelta al ser querido que perdió. No puede obtener el empleo sobre el que ha construido su futuro.

Así que se da por vencido. Renuncia a una realidad que preferiría evitar. Comienza a vivir para el fin de semana.

Inicia un pasatiempo o posiblemente una adicción. Encuentra maneras de escapar. Vive para momentos de felicidad que adornan una existencia de otro modo frustrante.

El segundo resultado podría ser incluso peor. En este escenario, usted de hecho alcanza sus metas.

¿Eso cómo podría ser peor?, quizá se pregunte.

Porque usted obtiene lo que siempre había querido, solamente para descubrir que no lo hace sentir mejor. Su cuenta de banco está llena, pero usted todavía está vacío. Y no solo eso, ahora la única esperanza de que usted pueda obtener satisfacción se va, porque si alguna persona en este mundo debería estar feliz, es usted, y no lo está. Así que, ¿qué razón hay para seguir viviendo?

Como dije quiero llegar a algo. No tengo la intención de decir que toda la humanidad está perdida, sin esperanza y suicida. Pero como he pastoreado a la gente a lo largo de los años, he visto estos dos escenarios desarrollarse más veces de las que puedo contar.

Pero no tiene que ser así.

Cuando Dios diseñó la vida, tenía mucho más en mente para nosotros que simplemente sobrevivir. Nuestra existencia no está pensada para girar alrededor de escaparnos de la realidad. No deberíamos vivir para el fin de semana, para el retiro o incluso para el cielo.

Esas cosas son excelentes, por supuesto. Y vivir con el fin en mente—especialmente el cielo—nos ayudará a darle forma a nuestro presente. De hecho, voy a hablar de eso más tarde en este libro.

Pero entre más leo la Biblia y entre más conozco a Jesucristo, más me doy cuenta de que esta vida—incluso con todas sus peculiaridades, giros y tragedias—tiene el propósito de ser maravillosa. No porque las circunstancias sean siempre perfectas, sino porque nuestra alma ha encontrado su hogar en Dios. La plenitud proviene de tener un alma saludable, y, como veremos en un momento, nuestra alma se mantiene saludable cuando regresa a casa regularmente.

SU YO INTERIOR

Antes de continuar, volvamos a la cuestión fundamental de lo que queremos decir exactamente cuando nos referimos al "alma". Ya hemos dicho que es básicamente quienes somos en el interior, pero quiero profundizar un poco más. El término *alma* es notoriamente difícil de definir. ¿Cómo podemos cuantificar y categorizar algo que es invisible, subjetivo e inestable? No podemos ver nuestra alma, así que tendemos a tener problemas incluso para describirla, así como para cuidar activamente de ella.

Y, no obstante, en cierto nivel siempre estamos al tanto de nuestra alma. Continuamente monitoreamos si estamos experimentando paz o ansiedad, gozo o desesperación, plenitud o vacío.

Decimos cosas como: "Sí que necesito unas vacaciones", o: "Este empleo me está succionando la vida", o: "Cuando voy a una excursión al campo me siento vivo. Me siento renovado" (yo nunca diría esa última ni en un millón de años, solo para que sepa. No me siento a gusto con la tierra o el sudor o con la intemperie en general. Lo mío son más los centros comerciales. Compro botas para escalar porque se ven increíbles, no porque de hecho tenga la intención de practicar senderismo en ellas. Pero estoy tratando de comunicarme con una audiencia más amplia, así que por eso lo mencioné. De nada).

De cualquier manera, las afirmaciones como estas reflejan nuestra alma. Son expresiones no solo de condiciones externas o físicas, sino de realidades internas. Sabemos que, en lo profundo de nosotros, hay un nosotros interior. Cada uno tenemos una personalidad y un ser invisible que es de hecho más real que nuestro cuerpo visible y tangible. Aun y si no lo podemos definir, sabemos que hay algo en el interior. Somos más que simplemente la suma de nuestros miembros y sinapsis cerebrales.

La psicología trata de definir y de tratar con nuestro interior, y tomando en cuenta la complejidad de la tarea, creo que hace un trabajo excelente. No tengo problema con los psicólogos, psiquiatras, filósofos, consejeros, mentores o entrenadores. He acudido a consejería profesional en más de una ocasión, y estoy seguro de que podría aprovechar algunas visitas más. Mi esposa, Chelsea, estaría de acuerdo con ello.

Pero para los que somos seguidores de Jesucristo, estamos especialmente interesados en lo que dice la Biblia acerca de nuestra alma. Queremos aprender cómo tener almas saludables todo el tiempo. Queremos saber cómo responder a los altibajos de la vida. Queremos dilucidar cómo procesar el hecho de que nuestro equipo de fútbol americano perdió el Super Bowl (Supertazón) por haber sufrido una intercepción en la yarda uno y ahora, al parecer, no podemos levantarnos de la cama o incluso encontrar una razón para vivir. Hipotéticamente hablando, por supuesto.

La Biblia menciona la palabra *alma* cientos de veces, lo cual es un indicador de lo importante que es el tema para Dios. El Antiguo Testamento con frecuencia utiliza la palabra *corazón* para expresar un concepto similar. No obstante, no se nos brinda una definición específica que se ajuste a todos los escenarios.

Los comentaristas bíblicos que están bendecidos con muchas más neuronas que yo han tratado de cuantificar y definir el alma a un detalle exhaustivo. No voy a tratar de repetir aquí lo que ellos dicen. Ni voy a discutir con los teólogos con respecto a la diferencia entre los términos *alma* y *espíritu*. Algunas veces los dos parecen ser diferenciados en la Escritura, y algunas veces parecen ser sinónimos. Estoy bastante seguro de que Dios sí lo tiene bien claro, así que no voy a perder ni un minuto de sueño por ello.

Creo que la frase "ser interior" hace un buen trabajo para comunicar el significado bíblico del alma. El rey David escribió: "Bendice, alma mía, a Jehová, y bendiga todo mi ser su santo nombre" (Salmos 103:1). Observe la pequeña frase "todo mi ser". Mi alma es el centro de quien soy. Es el yo interior, el verdadero yo, el yo invisible que trasciende al yo físico, la parte de mí que en cierto sentido vivirá eternamente en el cielo.

ALIENTO PRESTADO

Así que si nuestra alma está "dentro de nosotros" ¿qué se supone que debemos hacer con respecto a ella? ¿Cómo funciona? ¿Qué necesita? ¿Cómo sabemos si está funcionando bien? Y si no lo está, ¿qué podemos hacer al respecto? Esas son algunas de las preguntas que vamos a explorar a lo largo de este libro.

Así que comencemos, con toda propiedad, con el inicio del alma humana. El origen de nuestra alma dice mucho de cómo fue diseñada para funcionar. Vaya a Génesis 2:7: "Entonces Jehová Dios formó al hombre del polvo de la tierra, y sopló en su nariz aliento de vida, y fue el hombre un ser viviente".

Piense en ese versículo un momento. El cuerpo de Adán fue creado primero, pero por definición no tenía vida. Era un cadáver. Su sistema no había sido encendido. No se le habían prendido las luces. Era simplemente un cascarón o un molde. No estaba vivo.

¿Cuándo fue que la humanidad cobró vida? Cuando—y solo cuando—Dios sopló en él. En ese momento Adán se convirtió en una criatura viviente, un alma viviente.

Eso es increíblemente significativo. El aliento de Dios es la característica esencial del alma humana. Cada vez que hablamos del alma humana, estamos hablando del aliento de Dios. Los dos están inextricablemente conectados. No existía el alma humana hasta que Dios sopló, así que el aliento de Dios define el alma humana.

Si el aliento de Dios creó nuestra alma, entonces estamos viviendo literalmente con un aliento prestado. Cada vez que respiramos, hablamos o cantamos lo hacemos porque la vida de Dios le ha dado vida a nuestra alma.

Esto es más que simplemente poesía o metáfora. Esto es intensa e inmediatamente práctico.

Nuestra alma provino de Dios, depende de Él y lo anhela. Él nos dio vida, así que su presencia es esencial para nuestra salud continua. El aliento de Dios es el oxígeno que respira nuestra alma. Nuestra alma anhela a Dios a un nivel fundamental y básico, porque su aliento de vida nos creó y nos sostiene.

Yo no sé dónde se encuentre con respecto a Dios. Ese es un asunto muy personal, uno que es entre usted y Dios. Probablemente no conozca mucho acerca de Dios. Quizá duda de si la Biblia es realmente cierta. Podría ser que no esté seguro de lo que cree o de por qué lo cree. Es posible que se sienta molesto por toda la maldad en el mundo, por las contradicciones que percibe en la religión o por las filosofías que nos rodean y que compiten entre sí.

Eso está bien. Yo he sentido todas esas cosas, y ciertamente no tengo todo resuelto. Pero como dije en la introducción, todos estamos en una travesía en nuestra relación con Dios. Afortunadamente no tenemos que tener todo resuelto para comenzar ese viaje.

Pero puedo decir esto: cuando soy honesto conmigo mismo, intuitivamente entiendo que mi ser interior está siendo atraído en una extraña—pero muy real—manera a un ser que es más grande, mayor y más excelente que yo.

Mi alma quiere ir a casa con Dios.

Si usted encuentra en su corazón un anhelo por Dios, entonces se encuentra en el lugar correcto. Usted está en la travesía, y Dios lo va a ayudar a encontrarlo y a encontrarse a usted mismo en Él. El asunto no es si usted y yo estamos de acuerdo en lo que pensamos acerca de Dios, el pecado y el cielo; el asunto es que estamos siendo atraídos más cerca de Dios.

ENCONTRAMOS NUESTRO HOGAR

Hace un tiempo me encontré a un amigo en Los Ángeles que recientemente acababa de decidir convertirse en seguidor de Jesucristo. Comenzó a contarme acerca de su travesía.

Le pregunté: —¿Cómo supiste que eso estaba bien? ¿Cómo tomaste la decisión de amar a Jesús y honrarlo como Dios en tu vida?

Él me respondió: —El libro de Juan.

Eso no era lo que yo esperaba. Yo pensé que me iba a decir que había ido a la iglesia y que había escuchado acerca de Jesús o que un amigo oró con él o algo así. Así que le dije: —Explícame.

Me dijo que había estado involucrado en otra religión, pero que cuando leyó el libro de Juan y leyó las historias de Jesús, simplemente lo supo: *Esto está bien.* Algo dentro de él le dijo: *Estoy en casa. Esta es mi casa. Esto es para lo que fui diseñado. Esto es lo que he estado buscando.*

He conocido a muchas personas quienes emocional e internamente son nómadas. Son inquietas. Tienen hogares literales, físicos, pero internamente tienen incertidumbre. Siempre están buscando su casa.

Es una epidemia, si somos realmente honestos. Estoy seguro de que todos lo hemos sentido. La gente usa frases como: "Estoy tratando de encontrarme a mí mismo". Van a extremos extraordinarios y gastan enormes cantidades de dinero tratando de encontrarse a sí mismos.

"No lo siento. Tengo un empleo, pero este no soy yo. Simplemente necesito encontrar...algo". "Este matrimonio no es para mí". "Voy a intentarlo nuevamente. Voy a cambiar. Me voy a mudar a una nueva ciudad. A obtener una nueva vida. A comenzar de nuevo".

Hay algo dentro de usted y de mí que está constantemente viajando—aquí, allá y en todos lados—buscando algo. Eso es exactamente lo que estaba sucediendo en la vida de mi amigo hasta que abrió la Biblia y leyó el libro de Juan. Y entonces el alma dentro de él dijo: *Esto es lo que has estado buscando durante estos treinta años.*

Y llegó a casa. Instantáneamente. No cambió dónde se encontraba físicamente, pero todo cambió internamente.

Yo vivo en el Noroeste del Pacífico, que sucede que es el territorio donde varias especies de salmón se reproducen. Si usted está en Seattle durante julio y agosto puede visitar los Ballard Locks y ver al salmón nadar río arriba por una escalera para peces que une el agua salada del océano con el agua dulce del Lago Washington. Sorprendentemente, estos salmones han pasado toda su vida adulta—suelen ser varios años—en el océano, pero instintivamente saben cómo regresar a sus lugares de nacimiento en los arroyos y ríos lejos arriba en las montañas. Tienen una pasión que los impulsa a volver a casa.

En ese punto la analogía se descompone porque después de que los peces regresan a casa y se reproducen, terminan siendo comidos por los osos y cosas así. Pero ese no es mi punto aquí, así que trate de borrar esa imagen mental. Lo que estoy diciendo es que incluso los salmones tienen un deseo integrado para volver donde comenzaron. No se detienen. Pelean contra cualquier obstáculo. Enfrentan corrientes contrarias y criaturas salvajes y esclusas, todo con el fin de regresar a casa.

Probablemente la naturaleza nos esté enseñando algo. Quizá la razón por la que nos sentimos inquietos en el interior es porque no hemos estado en casa en un largo tiempo. Probablemente sea porque instintiva, intuitiva y subconscientemente somos impulsados a regresar a nuestro lugar de origen: Dios.

Así que para repetir mi pregunta del inicio del capítulo: ¿Cuándo es que nuestra alma se encuentra en casa? Es simple.

Nuestra alma está en casa cuando regresa a Dios.

Ese es el propósito, la premisa y la promesa de este libro. Fuimos creados por Dios y para Dios, y seremos más plenos cuando nos encontremos en Él y volvamos nuestra atención a Él.

Regresar a Dios es la esencia de la adoración. La adoración no es cantar o recitar. No son ritos o rituales o tradiciones religiosas. Esas cosas podrían ayudarnos a enfocarnos en Dios, pero finalmente debemos encontrar a Dios mismo. Nuestra alma debe aprender a depender de Él y apoyarse en Él.

En las páginas siguientes, consideraremos juntos cómo

tener un alma saludable y en casa. Es un viaje que cambiará su vida para siempre, porque a medida que oriente su corazón, alma, mente y emociones hacia Dios, usted encontrará plenitud en un nivel más profundo; a nivel del alma, a nivel del corazón. Usted descubrirá la satisfacción y estabilidad que proviene de encontrar su camino a casa.

Su alma está en su punto más sano cuando vuelve con frecuencia y de todo corazón a Dios. Allí es donde usted está más vivo. Cuando usted es más humano.

Eso es cuando usted está en casa.

dos

EL HOGAR ORIGINAL

Soy una persona que come saludablemente, o por lo menos me gusta pensar que así es. Ahora que he llegado a mediados de mis treintas y me estoy dirigiendo irreversiblemente a mis cuarentas, no puedo salirme con la mía con todos los carbohidratos y azúcares refinados que solía comer. Quiero estar saludable, y quiero que mi esposa piense que soy atractivo. Esas son mis motivaciones principales para comer de manera nutritiva.

Pero eso no es fácil, y probablemente no por las razones que usted podría pensar. Quizá usted espere que diga que me encantan las donas o las hamburguesas o las malteadas. Que encuentro maneras creativas para excusarme de no hacer ejercicio. Que me gusta dormir unos minutos más y saltarme el desayuno. Que tiendo a comer demasiado tarde en la noche. Que bebo demasiadas de mis calorías.

Y…es posible que tenga razón en algo de eso. Pero no son la razón real por la que me es difícil comer saludablemente.

La razón real es que no *sé* qué es saludable. Estoy tan confundido y perdido con respecto a lo que me conviene. Estoy abrumado por las minucias y los blogs y los libros y las opiniones. Incluso mis amigos más queridos y cercanos no se pueden poner de acuerdo.

Por ejemplo, soy un hijo de los ochentas, así que un desayuno nutritivo de chico incluía cosas como las almohadillas de trigo escarchadas con azúcar. Este cereal en particular tenía la palabra *trigo* en el nombre, así que tenía que ser saludable. Ese era el razonamiento.

Si no eran las almohadillas de trigo, eran las hojuelas de trigo integral con salvado y pasas. Nuevamente, el término *salvado* automáticamente le daba a mi mamá la seguridad necesaria de que estábamos comiendo saludable. Además, contenía pasas, que descienden de fruta real, así que sabíamos que nuestro desayuno era nutritivo.

Si tenía trigo o salvado en el nombre, rebanábamos plátano sobre él y nos lo comíamos. Esa era la filosofía del desayuno en 1988. Pensábamos que era saludable, así que estábamos felices.

Imagínese mi asombro cuando, años después, fui informado de que el cereal comercial de hojuelas de trigo integral con salvado y pasas de hecho tiene mucho más azúcar que los cereales "poco saludables" que satanizábamos como las donas de cereal con sabor a fruta o las hojuelas de maíz escarchadas con azúcar. Resulta que esas dos cucharadas de lo que solía ser fruta están absolutamente recubiertas de azúcar refinada. Como dieciocho gramos de azúcar. Así que ahora no toco esa cosa. Y preferiría comerme la caja de cartón de las almohadillas de trigo escarchadas con azúcar que el cereal que contiene.

En los ochentas evitábamos la mantequilla y el tocino porque engordaban. Pero los tiempos han cambiado. Ahora le pongo mantequilla a mi café y trituro tocino para cada comida porque soy a prueba de balas. Esa es la nueva dieta de moda. Irónicamente, solía advertirle a la gente en contra del tocino. ¿Por qué? Porque los puercos no sudan. Deje que eso entre en su mente por un segundo. Nos estamos comiendo todas sus toxinas. Pero ahora de pronto es grasa buena, así que comemos aguacate, tocino y mantequilla, y nos sentimos bien con nosotros mismos.

Pero, por supuesto, la Organización Mundial de la Salud recientemente publicó un estudió que vinculaba el tocino con un riesgo mayor de ciertos cánceres.[1] Eso encendió toda una controversia con respecto a la naturaleza y el nivel del riesgo, y la gente comenzó a etiquetar sus fotos de desayuno con #bacongate [escándalo del tocino] y #freethebacon [liberen al tocino] porque cualquiera con papilas gustativas prefiere la versión de la realidad que dice que el tocino es saludable.

Así que estoy oficialmente 100% confundido.

¿Recuerda que en los ochentas una barra de chocolate y una malteada eran golosinas que solamente podía comer los sábados? Ahora son reemplazos de comidas completas. Están cargadas de la proporción perfecta de minerales y nutrientes y vitaminas y calorías y grasas buenas y todo lo demás que se supone que necesitamos. Así que estamos viviendo de licuados y barras porque somos profesionales saludables con una alta energía que no tienen tiempo para hacer una comida en forma.

Seamos sinceros: si estamos reemplazando comidas enteras, estamos dejando fuera mucho más que solo alimento. Muchos de los mejores momentos de la vida giran alrededor de los amigos y la comida. ¿En qué planeta reemplazar una comida completa es una manera más saludable de vivir?

Podría continuar. ¿Qué hay acerca de los plátanos? El otro día me estaba comiendo un plátano y uno de mis amigos me dijo: —Que impresionante, ¿de hecho te estás comiendo un plátano?

Su tono era una mezcla de desdén y preocupación, lo cual me confundió.

—Pues sí. Tenía hambre, y los plátanos son saludables.

—Mejor te hubieras tomado una lata de refresco.

Yo me quedé como: —¿Perdón? No sabía que los plátanos estuvieran carbonatados y llenos de jarabe de maíz.

Él me dijo: —Tu cuerpo procesa un plátano en la misma forma que una lata de refresco. Te estás matando a ti mismo, amigo.

O, ¿qué podemos decir de la col rizada? La col rizada ni siquiera era muy conocida en 1988. Alguien la hizo popular, y esa persona ha ganado mucho dinero con ella también.

Si estamos confundidos con respecto a lo que es saludable para nuestro cuerpo, ¿cuánto más confundidos estamos con respecto a lo que es saludable para nuestra alma? Relativamente es sencillo medir y analizar nuestro exterior. ¿Pero que hay acerca del interior? ¿Cómo sabemos si somos saludables? ¿Cómo nos ponemos saludables? ¿Cómo nos mantenemos saludables?

En el capítulo anterior, consideramos el diseño original de Dios para nuestra alma y concluimos que nuestras almas solo puede ser saludable cuando están en casa en Dios; esto es, cuando vuelve a Dios, cuando encuentra su propósito en Dios y cuando regresa a una relación con Dios. Utilizamos la palabra *adoración* para referirnos a ese lugar de intimidad y cercanía con nuestro Creador.

En los siguientes capítulos, quiero que profundicemos un poco más en cómo podemos ser saludables en el interior. Consideraremos varias necesidades y facetas del alma humana.

Las buenas noticias son que esto de hecho es menos confuso y subjetivo que todos los debates sobre plátano, tocino y cereales para desayunar, porque no estamos por nuestra cuenta en este proceso. No tenemos que filtrar la información de libros y blogs y opiniones. El Creador mismo nos ha dado un manual para un alma saludable: la Biblia.

Para iniciar, quiero que le echemos una mirada al ambiente original del alma humana. En otras palabras, ¿cuál es la atmósfera que es más útil para el alma humana? ¿Cuál fue el entorno y el contexto que Dios diseñó originalmente para nosotros?

Después de todo, somos criaturas de nuestro ambiente. Sea que estemos trabajando, relajándonos o cortejándonos, el entorno es importante. El lugar y la ambientación y la iluminación adecuada y la canción apropiada marcan toda la diferencia.

En el principio, Dios colocó a la humanidad en un ambiente que conducía al éxito interno. Cuando consideramos lo que dice la Biblia con respecto a las condiciones en las que Dios creó el alma humana originalmente, descubrimos un mapa y un plan para lograr la salud del alma. Quiero que consideremos lo que creo son los cuatro elementos esenciales de ese ambiente. Usted todavía puede existir sin ellos, por supuesto (mucha gente así lo hace), pero son esenciales si queremos sacar el máximo provecho de la vida.

Recuerde que Dios es el diseñador, el arquitecto y el generador de esta entidad complicada llamada el alma humana. Cuando creó el alma la colocó en un ambiente óptimo, en un lugar en el que pudiera desarrollarse. ¿Por qué? Porque Dios quiere que florezcamos en la vida. No nos creó para apenas lograrlo o meramente sobrevivir. Quiere ayudarnos a tener un alma saludable y una vida plena. Si podemos implementar estos elementos en nuestra vida diaria, creo que seremos saludables hasta el tuétano. Incluso si nuestros ambientes *externos* no son particularmente saludables o estables, si somos saludables en el *interior*, conquistaremos la adversidad.

NO, MÍO, DÁMELO, AHORA

Antes de que consideremos los cuatro elementos de un ambiente saludable para el alma, debo mencionar que estas cosas eran parte de la creación *original* de Dios para la humanidad, y esta creación no incluía la presencia del mal. Cuando Dios diseñó el alma, el mal no existía; la muerte no existía; el egoísmo no existía. La humanidad disfrutaba un ambiente sin pecado y sin defectos.

Eso ya no es así, en caso de que no lo haya notado. Los bebés no salen del vientre pensando: *Quiero amar y compartir y dar.* Es más bien lo opuesto. Si usted tiene hijos y se parecen en alguna forma a los míos, sus primeras pocas palabras incluían términos como: *no, mío, dámelo y ahora.* Con frecuencia en ese orden a un ensordecedor nivel de decibeles para empezar.

Dondequiera que veamos, encontramos los efectos del mal. Guerras, genocidio, racismo, terrorismo, codicia, destrucción; mientras que los gobiernos y las fuerzas militares de todas las naciones tratan de ponerle límites al mal, no lo pueden erradicar porque surge de dentro nuestro.

Perdón por sonar tan negativo. Pero es esencial que entendamos que el pecado no era parte de la creación de Dios. ¿Por qué? Porque si tratamos de aplicar estos cuatro elementos a nuestra alma sin tratar primero con el asunto del pecado no va a funcionar. No tendrán vida y estarán vacíos porque, como vimos antes, lo más importante que podemos hacer para un alma saludable es venir a una relación con Dios.

¿Cómo es eso posible? ¿Cómo nosotros que nacimos en

un planeta que sufre, bajo la influencia y la atracción del mal, podemos ser restaurados a la pureza que Dios creó originalmente?

Es claro a lo largo de la historia humana que no podemos resolver el problema del pecado por nosotros mismos. No podemos regresar a ser buenos por medio del esfuerzo propio; no podemos lograr tener una buena posición delante de Dios con base en nuestro desempeño.

Por eso es que Dios envió a su Hijo, Jesús. La Biblia dice que: "Al que no conoció pecado, por nosotros lo hizo pecado, para que nosotros fuésemos hechos justicia de Dios en él" (2 Corintios 5:21).

Al relacionarnos con Dios desde una posición de perdón y aceptación por medio de Jesús, podemos aplicar los cuatro elementos a nuestra vida. Podemos rodearnos con este tipo de ambiente, y podemos experimentar la salud y la felicidad que Dios le da a nuestras almas.

DISFRUTE LOS ÁRBOLES

Vemos el primer elemento de un ambiente saludable para el alma en Génesis 2:7–9.

El versículo 7 describe la creación de la humanidad en esta manera: "Entonces Jehová Dios formó al hombre del polvo de la tierra, y sopló en su nariz aliento de vida, y fue el hombre un ser viviente". Vimos este versículo en el capítulo anterior, y vimos que cuando Dios sopló su aliento-alma en el cuerpo sin vida de Adán, Adán se convirtió en un alma viviente.

Entones, a partir del versículo 8 hay una descripción del ambiente óptimo, que nutre el alma que Dios creó para la humanidad. Quizá podría sorprenderlo.

Y Jehová Dios plantó un huerto en Edén, al oriente;
y puso allí al hombre que había formado. Y Jehová
Dios hizo nacer de la tierra todo árbol delicioso a la
vista, y bueno para comer... (vv. 8–9).

Recuerde, este es el ambiente más ideal que Dios podría
haber diseñado. Era el hogar original para el alma humana,
un lugar en el que nuestra alma, nuestro espíritu y nuestro corazón florecerían.

No es ni errantemente tan espiritual como podría pensar.
Yo podría haber esperado que los ángeles estuvieran cantando
suavemente en las copas de los árboles, o música de adoración
tocando en el fondo o versículos de la Biblia grabados en los
árboles, o por lo menos una estatua de Dios en alguna parte.

Pero lo primero que Dios quiere que sepamos acerca del
ambiente original es que los árboles eran hermosos y que tenían un fruto delicioso.

Perdón, ¿Dios?

Considere lo que Dios está diciendo aquí. Parece tan arbi-
trario; pero no lo es. Nos está enviando un mensaje con respecto a lo que nuestra alma necesita.

Nuestra alma necesita *descanso*. Necesita relajación, disfrute, paz y placer.

Si encuestáramos a la gente y le preguntáramos de qué
piensan ellos que se trata la religión y una relación con Dios,
¿qué cree que dirían? Creo que muchos podrían responder:
—Se trata de reglas. De moral. De cumplir con los Diez Mandamientos. De comportarse bien y ser buenos.

Y si fueran honestos, creo que muchos continuarían con:
—De hecho, probablemente debería volver a la iglesia. Me
siento mal. Me siento culpable. Mi vida no está bien. Creo que
Dios está enojado conmigo.

Esto es lo que *no* creo que mucha gente diga: —¿Una relación con Dios? Se trata de disfrutar a Dios. Se trata de disfrutar de la vida, la naturaleza, la buena comida y los amigos. Se trata de reposo. Lo que Dios quiere para mi vida es reposo. Sin embargo, Dios nos da una imagen de reposo diciendo: —Disfruta el paisaje y los sabores. Quiero que te encante. Es gratuito. Es para ti. Diseñé la vida para que sea deleitosa.

En nuestra fijación por guardar las reglas y aplacar a un Dios que en lo secreto sospechamos que podría estar enojado o decepcionado, estamos en peligro de perder una de las claves fundamentales de un alma saludable: la del reposo, de disfrutar quien es Dios y lo que ha creado para nosotros. Dios quiere recordarnos cuan imperativo es el reposo y el deleite para nuestra alma, así que la primera descripción que obtenemos del huerto es que el follaje es divertido de mirar y que la comida tiene un sabor asombroso.

¿Por qué el reposo es primero? El reposo es primero porque Dios es primero. Un alma inquieta es un alma que piensa que está en control y que necesita encargarse de todo. Si no reposamos, estamos tratando de ser nuestro propio Dios. Tenemos que recordar que incluso cuando reposamos, Dios no. Cuando dormimos, Dios no. Y cuando dejamos de trabajar, Dios no.

Creo que Dios le estaba diciendo a Adán: —Sí sabes que nada de esto es por tu causa, ¿verdad? Yo creé todo esto por mí mismo y te lo di, así que no te tomes muy en serio a ti mismo allí, campeón. ¿Está bien? Esto es algo que yo hice. También te hice a ti. Así que no eres Dios. No todo depende de ti. Te amo, y te hice solo para mí. Así que, ¿por qué no disfrutas los árboles, comes un poco de fruta y te relajas un poco? Para tu información no eres complicado e importante.

Es asombroso lo complicados e importantes que nos

volvemos en nuestra propia mente a veces. Eso lleva a mucha ansiedad y temor.

¿Sabe de donde proviene la preocupación? De pensar que estamos en control. El verdadero reposo es inalcanzable para las personas que están obsesionadas con conducir su propia vida. Pero el reposo es una de las posturas principales para los que conocen a Jesús porque tenemos un Dios que está en control y que está cuidando de nosotros.

El Salmo 127:1-2 describe lo inútil que es cargarnos de más con los afanes y preocupaciones de la vida:

> Si Jehová no edificare la casa, en vano trabajan los que la edifican; si Jehová no guardare la ciudad, en vano vela la guardia.
> Por demás es que os levantéis de madrugada, y vayáis tarde a reposar, y que comáis pan de dolores; pues que a su amado dará Dios el sueño.

Esto es aplicable a la cultura moderna. Es como si estuviera diciendo: "No tiene caso que trabajan tarde en la noche. Que no duerman, que se levanten temprano en la mañana y que empiecen a trabajar de nuevo, como si estuvieran en control y ustedes fueran los únicos proveedores y protectores de su vida".

¿Dónde está el margen en eso? ¿Dónde está el reposo? ¿Dónde queda la consciencia y el reconocimiento de su Creador y su Diseñador que es soberano sobre lo impredecible de la vida?

Es como si el compositor dijera: "Ni siquiera disfrutas el pan en tu boca, porque estás muy preocupado de no tener suficiente dinero para comprar otra hogaza mañana". Seguramente estaba hablando de esas barras para remplazar comidas completas. Algunas personas nunca pueden disfrutar una buena comida con buenos amigos porque son muy importantes o están demasiado ocupados.

De alguna manera, no creo que era lo que Dios tenía en mente para el alma humana cuando creó el huerto de Edén. El hogar original del alma tenía árboles agradables a la vista y comida asombrosa; eso nos da un poco de perspectiva, ¿no es así? Probablemente para lo que estamos aquí no es para ser tan importantes, exitosos, asombrosos y ocupados que no tengamos tiempo para comer. Disfrutemos a Dios y a su creación.

Una de las cosas más espirituales que puede hacer hoy podría ser cancelar su preparación acelerada y ansiosa de la gran reunión de mañana. Haga un nuevo amigo o busque a algunos viejos amigos y salgan a comer buena comida. Tómese el tiempo de reír acerca de la vida y considerar la bondad de Dios.

Probablemente se encuentra preocupado o temeroso de algo, y piensa: *Necesito ayunar y orar.* Eso podría ser algo excelente que hacer. Hay un tiempo y lugar para eso. Pero a veces incluso la actividad espiritual puede ser un intento subconsciente de hacer que las cosas sucedan. Algunas veces la mejor opción es compartir una comida con un amigo que haya pasado por algo similar. Permítale que lo procese con usted, llore con usted y ría con usted. No se abrume demasiado. Apóyese en Dios y confíe en que realmente lo está cuidando.

Jesús dijo: "Venid a mí todos los que estáis trabajados y cargados, y yo os haré descansar. Llevad mi yugo sobre vosotros, y aprended de mí, que soy manso y humilde de corazón; y hallaréis descanso para vuestras almas" (Mateo 11:28–29). No podía haber sido más claro. Nuestra alma necesita reposo, y Él es nuestra cuenta máxima de reposo.

"Pues que a su amado dará Dios el sueño", dice Salmo 127:2.

Tengo que ser sincero: ese es uno de mis versículos favoritos de la Biblia. Algunas veces Dios simplemente quiere que usted se vaya a dormir. ¿Cuándo fue la última vez que escuchó a un predicador decir eso? Algunas veces lo más espiritual, santo y consciente de Dios que usted puede hacer es tomar una siesta. Dese cuenta de que usted probablemente no lo dilucide todo o logre hacer todo, pero Dios está con usted y Dios está a su favor.

LÁBRELO

El segundo elemento de un ambiente saludable para el alma se encuentra en Génesis 2:15: "Tomó, pues, Jehová Dios al hombre, y lo puso en el huerto de Edén, para que lo labrara y lo guardase". En otras palabras, Dios le dio al alma humana *responsabilidad.*

Esto podría ser impactante para algunas personas, ya que suponen que el trabajo fue el resultado del pecado. Creen que Dios le dio a Adán un empleo como castigo porque metió la pata: —Adán, claramente tienes demasiado tiempo libre, y por eso es que estás corriendo por ahí metiéndote en problemas. Así que, qué crees. Acabo de inventar algo llamado trabajo. Lo vas a odiar, lo vas a resentir, pero no te queda más remedio que hacerlo.

Al parecer, esa es la actitud que la cultura estadounidense con frecuencia toma. Algunos de nosotros pensamos: *Voy a conseguir un empleo porque necesito tener un empleo, pero voy a trabajar tan duro como pueda para que un día pueda renunciar a ese trabajo.*

¿Por qué? Porque pensamos que un ambiente libre de res-ponsabilidades nos hará más felices. Suponemos que como el trabajo es arduo, pero las vacaciones son divertidas, que el trabajo mismo es el problema. La responsabilidad es un intruso. Los empleos son el enemigo. Trabajamos duro para que algún día podamos retirarnos y empezar a hacer lo que de hecho disfrutamos.

Sin embargo, el segundo elemento en la descripción de la Biblia de este ambiente libre de pecado es que Dios tenía un encargo para Adán. Tenía un empleo. La diferencia es que antes de la intromisión del pecado no había ansiedad, dolor o sudor en ese trabajo. Pero Adán todavía tenía algo que le era requerido hacer. Dios creó a los seres humanos para llevar una responsabilidad.

La palabra hebrea traducida como trabajo aquí, también puede traducirse como *servir*.[2] Con frecuencia cuando pensamos en servir, lo hacemos en términos de sacrificio, pero servir de hecho beneficia más al que sirve. Servir hace que su alma se sienta bien. Lo hace sentir vivo por dentro. Su alma encuentra satisfacción, salud y vida cuando usted vive más allá de sí mismo.

La responsabilidad es buena para el alma. Soné como mi papá en este momento, pero es cierto. Algunas veces equiparamos la falta de responsabilidad con vivir en libertad, pero eso no es libertad. Esa no es la manera en que nuestra alma opera. Necesitamos encargos, necesitamos trabajo y necesitamos actividad.

Algunas personas quieren responsabilidad, pero solamente quieren la tarea que quieren. Y si no obtienen el empleo o el puesto o la asignación que quieren, entonces no lo toman en serio. Piensan: *Cuando tenga ese empleo soñado, voy a interesarme lo suficiente como para entregarme a él; pero en este momento, realmente no me importa. Odio mi empleo, así que haré la menor cantidad posible de trabajo para obtener mi sueldo.*

La Biblia dice: "Y todo lo que te venga a la mano, hazlo con todo empeño" (Eclesiastés 9:10, NVI) ¿Alguna vez se ha detenido a pensar que probablemente la responsabilidad es clave para la satisfacción y el gozo interno? Es posible que la satisfacción del alma esté más vinculada a la responsabilidad misma que a un puesto en particular o a un empleo soñado.

Comencé trabajando en The City Church como ayudante general. No era mi preferencia, pero quería trabajar en la iglesia, y un día se abrió la vacante para un puesto como ayudante general. Así que lo tomé.

Estoy seguro de que yo no era el mejor ayudante general. Definitivamente se me fueron algunas cosas. Y jamás volveré a limpiar un baño de mujeres, porque quedé marcado de por vida. Pero eso no tiene que ver con el punto. No obstante, puedo decir que creo que fui el ayudante general que más se divirtió en mi iglesia. Sin importar quién estuviera trabajando conmigo, siempre nos la pasábamos genial. Nos reíamos todo el tiempo. Y suena loco, pero encontré mucha satisfacción en ese empleo.

Lo que es más loco es esto: ahora estoy a cargo de toda la iglesia, pero no me ha hecho más feliz. Ser el pastor principal en contraste con ser un ayudante general no ha incrementado mi nivel de gozo ni una rayita. Estaba feliz antes y estoy feliz ahora. Me sentía tentado a estar preocupado y temeroso e inseguro antes, y enfrento las mismas tentaciones ahora. Las cosas que la gente podría llamar éxito no me han dado más gozo, paz o seguridad en el interior.

Lo que me ha dado gozo, sin importar si soy el ayudante general o el pastor principal, es hacerlo con todo mi corazón. El gozo no está en el puesto. El gozo está en la responsabilidad.

Soy responsable por este trabajo—decidí—. *Este es mi mundo. Estos son mis baños que voy a limpiar. Este es mi vestíbulo que voy a aspirar. Voy a hacerlo y voy a cantar y a rapear todo el tiempo, y voy a escribir sermones en mi cabeza y voy a tener un tiempo asombroso.*

No espere a que le llegue cierto puesto. La felicidad y la salud de su alma no dependen de un puesto. Su alma fue diseñada para hacerlo todo con todo lo que tenga en su interior. Se necesita responsabilidad para ser saludable, y hay una buena oportunidad de que la responsabilidad se encuentre justo frente a usted.

UN NO NECESARIO

El siguiente elemento de un ambiente que ayuda a nuestra alma a florecer aparece en Génesis 2:16–17 (NVI).

> Y le dio este mandato: «Puedes comer de todos los árboles del jardín, pero del árbol del conocimiento del bien y del mal no deberás comer. El día que de él comas, ciertamente morirás».

Es indicativo de la gracia de Dios que dio permiso antes de restringir. Dijo: —Puedes comer de todos los árboles, excepto uno.

¿Cuántos árboles había? ¿Cientos? ¿Miles? Adán y Eva podían comer de todos ellos excepto uno: el árbol del conocimiento del bien y del mal.

Piense en ello. Las probabilidades eran aplastantes a su favor. Dios no estaba tratando de atraparlos.

No les dio mandamientos imposibles y luego se rio cuando fallaron. Lo hizo tan simple y directo como fuera posible. Los puso en posición de tener éxito. Les dio el mundo, pero les puso límites también.

En este punto muchas personas dicen: —Fue culpa de Dios. Si Dios no hubiera puesto ese pequeño árbol malo en el huerto, no estaríamos en este predicamento hoy. ¿Por qué no dejó fuera ese árbol?

Primero, sin ese árbol, perdemos nuestra definición de amor. El amor requiere libre albedrío. Si no hay opción en el amor, entonces no es amor. El amor forzado es la manera de terminar en la cárcel. Dios es amor, y nos creó para ser amados y para amar. Pero teníamos que tener el poder de decisión para responderle. Tenían que existir opciones reales, una oportunidad real de escoger o rechazar a Dios, o no sería amor y no sería libre albedrío.

No obstante, me quiero enfocar en otra razón por la que creo que este árbol fue puesto en el huerto. Es el tercer elemento de un ambiente saludable: *restricción*. Los límites y la moderación son necesarias para un alma saludable.

Realmente sueno como mis padres ahora. Probablemente sea porque he sido padre durante doce años. Con frecuencia me encuentro diciéndoles que no a mis hijos simplemente porque es lo que es necesario. Quizá tenga los medios para satisfacer su solicitud. Incluso podría tener el deseo de suplirla. Pero les digo que no porque eso es lo que mi hijo o mi hija necesitan en el momento.

Algunas veces hay una razón clara por la que tengo que decir que no. Otras veces no la hay, pero de alguna manera todavía sé que la respuesta necesita ser que no. Necesitan límites; necesitan las restricciones y las limitaciones.

Un niño que nunca escucha que no, se convierte en "ese niño". Todos conocemos a "ese niño". De la misma manera, si no tenemos límites podemos convertirnos en "ese hombre" o "esa mujer". Un alma sin restricciones es un alma poco saludable, y los resultados son obvios a los que están a nuestro alrededor.

Creo que Dios puso el árbol del conocimiento del bien y del mal allí porque cuando Adán y Eva pasaban por él, la limitación era buena para su alma. Su alma se sentía protegida y segura. Su alma se sentía dirigida y guardada porque tenían la habilidad de decir: —Puedo, pero no lo haré; y eso es bueno para mí.

Cuando era chico, mis padres me sacaban la "tarjeta del *no*" a mi hermana y a mí. Ahora yo se la saco a mis hijos. ¿Adivine de qué se trata la madurez? ¿Adivine de qué se trata la paternidad? De liderar a nuestros hijos a una posición en la que puedan decir que no por sí mismos, incluso cuando ellos quieran decir que sí.

Ese es el desafío: restricción autoimpuesta. Eso es madurez, en resumen. Es cuando usted tiene el dinero, tiene el deseo, tiene la oportunidad y aun así usted todavía dice: —No.

¿Por qué? Porque algunas veces usted necesita escucharse a sí mismo diciéndose que no. *Eso me gustó*, dirá su alma. No subestime lo importante que es un "no" para la salud de su alma.

María Montessori fue una educadora italiana cuyo sistema y filosofía pedagógica afectó grandemente la educación en los EE. UU. Su proceso pedagógico se predicaba sobre la creencia de que los niños estaban en su ambiente educativo óptimo cuando tenían libertad dentro de ciertos límites.[3]

Libertad dentro de ciertos límites. Eso sería el huerto de Edén. Así es cuando el alma está a su máximo.

Dios diseñó las restricciones y las limitaciones como una bendición para su alma. Usted y yo no somos Dios. Necesitamos limitaciones y restricciones. Necesitamos frenos y contrapesos.

Dios sabe eso, por supuesto, y desarrolló restricciones en la forma y la función de cada aspecto de la vida. Contrario a la creencia popular, no todas las reglas fueron hechas para ser rotas y no todos los límites tienen el propósito de ser probados. Necesitamos crecer en madurez hasta que podamos distinguir las restricciones que son saludables y someternos a esas restricciones.

AYUDANTES ADECUADOS

Estos tres primeros elementos—reposo, responsabilidad y restricción—no sirven de nada si nos perdemos el último elemento: *relación*.

Génesis 1, el primer capítulo de la Biblia, relata los seis días de la creación. El sol, la luna, las estrellas, la Tierra, las plantas, los animales, el hombre; todo era increíble. Dios miró su obra después de cada etapa de oración, y vio que era buena (vv. 10, 12, 18, 21, 25). Cuando terminó, la Biblia dice que vio todo lo que había hecho y "era bueno en gran manera" (v. 31). De hecho, era tan bueno que Dios decidió tomarse el día séptimo. No porque estuviera cansado, sino porque había terminado.

Pero había una cosa en ese universo perfecto sin pecado que no era buena. "Luego Dios el Señor dijo: «No es bueno que el hombre esté solo. Voy a hacerle una ayuda adecuada»" (Génesis 2:18, NVI).

En otras palabras, aunque el alma de Adán era perfecta, no era saludable que estuviera sola. No solo eso, sino que Dios personalmente le iba a brindar compañerismo y relación.

Somos, por naturaleza, seres sociales. Fuimos creados para vivir en comunidad. Incluso las personas con los tipos de personalidad más introvertidos y solitarios necesitan por lo menos cierto nivel de interacción humana para mantener un alma saludable, floreciente y llena de vida. No es saludable que nuestra alma esté aislada o sin relación.

Esto es imperativo. Sí, necesitamos reposo, necesitamos responsabilidad y necesitamos restricción. Pero más que nada, necesitamos una relación. Por eso es que Dios mismo declaró que era momento de una intervención.

Dios procedió a crear a la mujer, y Adán y Eva se convirtieron en la primera pareja casada, y, finalmente, en los padres y progenitores de toda la raza humana.

El matrimonio sigue siendo, por sí solo, la relación humana más importante, pero creo que este pasaje habla de más que solo matrimonio. El matrimonio, en esencia, es amistad. Sin amistad es casi imposible hacer que el matrimonio funcione.

Consideremos Génesis 2:18 en términos de amistad. Considere lo involucrado que está Dios en hacer una amiga para Adán. *¿Son importantes mis amigos para Dios?*, quizá se pregunte. Definitivamente sí. Simplemente considere esta historia.

Dios dice: "Voy a hacerle una ayuda adecuada". Un amigo saludable podría ser definido como "una ayuda adecuada".

Así que estas son mis preguntas y mi ángulo para usted a medida que hablamos de un alma saludable.

¿Es usted intencional con respecto a sus amigos?

¿Lo están ayudando?

¿Encajan bien juntos?

Yo sí creo que debemos vivir en grande. Debemos trazar círculos grandes, ser influyentes, perdonadores y amables; pero no podemos ser amigos íntimos de siete millardos de personas en este planeta. No podemos ser amigos cercanos de algunos miles de personas. Probablemente, ni siquiera con algunos cientos de personas.

Siendo realistas, podríamos ser amigos cercanos, íntimos, de solamente una docena de personas. Quizá un poco más o un poco menos, dependiendo de nuestras capacidades y personalidades individuales. Así que más nos vale escoger a esas personas intencional y cuidadosamente con mucha oración.

Alguien dijo una vez: "Muéstrame a tus amigos, y te mostraré tu futuro". Pero podríamos ir todavía más allá. "Muéstrame a tus amigos, y te mostraré el estado de tu alma". Estas son las personas que lo están alimentando en su interior.

¿Le están dando vida?

¿Están sirviendo o solamente recibiendo?

¿Lo están edificando o lo están derribando?

¿Están sanando su alma o hiriéndola?

Por otro lado, ¿está usted proveyendo para las necesidades del alma de sus amigos? Una amistad saludable es una calle de dos sentidos.

Considere con cuidado las relaciones en su vida. Muchas personas toman las relaciones tal como vienen, con poco análisis o pensamiento a largo plazo: —¿Quieres que salgamos todas las noches? ¡Por supuesto! ¿Quieres que seamos novios? ¡Me parece bien! ¿Dormir juntos? Sí, ¿por qué no?

Las amistades y las relaciones son más importantes que eso. Sea cuidadoso e intencional. Permita que Dios lo dirija.

Por supuesto, estoy hablando de relaciones cercanas; las personas con las que está construyendo su vida consistentemente. No estoy diciendo que excluya a todos los demás, o que nunca se abra a nuevos amigos. Simplemente estoy diciendo que, si Dios hizo ese tipo de esfuerzo para proveer una amiga y compañera adecuada para Adán, también lo ayudará a usted. Creo que sus relaciones pueden ser creadas, ordenadas y arregladas por la mano de Dios. Esas relaciones dadas por Dios crearán un ambiente en el que su alma puede prosperar.

Probablemente mientras lee esto, está pensando para sí:

Puedo decirle en este momento que mi alma no está en una posición saludable. Proverbios 18:14 (NTV) dice: "El espíritu humano puede soportar un cuerpo enfermo, ¿pero quién podrá sobrellevar un espíritu destrozado?". La versión The Message en inglés dice: "Un espíritu saludable conquista la adversidad...".

¿Qué puede hacer cuando su espíritu está destrozado? ¿Qué puede hacer cuando su ser interior está quebrantado y con problemas de salud?

Vaya con Aquel que le dio origen y diseñó su alma. Vaya con el que le dio el aliento por principio de cuentas, y dígale:
—Está bien, Dios, estoy comenzando de nuevo. Estoy comenzando otra vez. Quiero estar saludable hasta mi misma esencia. Quiero enfocarme en mi alma y en mi corazón, no solo en mi cuerpo físico o en mis circunstancias externas.

Dios lo ayudará. Le dará reposo. Lo guiará a las responsabilidades apropiadas. Lo rodeará con restricciones seguras. Le proveerá relaciones adecuadas y amigos que lo ayuden a navegar por los giros y vueltas y altibajos de la vida.

Probablemente no siempre sepamos qué dieta seguir para un cuerpo saludable, pero tenemos una guía segura para almas saludables. Y a medida que sigamos intencional y regularmente el plan de Dios, nuestra alma tendrá libertad para florecer.

tres

SORPRENDIDO POR MI ALMA

Su alma encuentra su hogar en Dios. Es un pensamiento hermoso.

Por lo menos cuando las cosas están yendo bien.

Como cuando está sentado a la orilla de un lago cristalino al atardecer, una tarde de verano, y todo está bien en el mundo. En ese punto, es fácil creer que Dios quiere que su alma se acerque más a Él. Se siente tan natural. Tan perfecto. Cualquiera puede ser espiritual a la orilla de un lago.

Pero lamentablemente, no podemos vivir allí. No quiero decir a la orilla de un lago; me refiero en un estado glorioso y perpetuo de serenidad y tranquilidad. Nuestra alma pasa por agitación emocional con más frecuencia de la que nos gustaría reconocer. Y es confuso. Estremecedor. Desconcertante.

Por ejemplo, recuerdo cuando en *El Príncipe del Rap* cambiaron al personaje de la Tía Viv. Ese programa era básico para mi niñez, pero unos tres años de iniciada la serie, sin razón aparente, cambiaron a la Tía Viv. Recuerdo haber visto el primer episodio de la primera temporada y haber pensado: *¿Por qué la está llamando Tía Viv? Esa no es la Tía Viv. Señora, usted es una impostora. ¿Dónde está la Tía Viv?* Para mí, los primeros tres años era la verdadera Tía Viv, y de allí en adelante era la ilegítima Tía Viv, la Tía Viv no real.

Mentalmente, por supuesto, sabía lo que había sucedido. Recuerdo decirme a mí mismo: *Judah, por favor, contrólate. Es una telecomedia. No es real.*

Pero extrañaba a la Tía Viv, y todavía extraño a la Tía Viv cuando repiten esos capítulos de la serie.

Otro momento sorprendente en mi niñez, al parecer demasiado dramática, fue cuando salió *Rocky IV*. ¿Recuerda cuando Iván Drago mató a Apollo Creed? Por supuesto que sí. Toda una generación de niños quedó marcada instantánea y permanentemente por esa película.

No podía entender en lo absoluto mis emociones al ver *Rocky IV*. Lloré. Tiré golpes al aire. Le grité a la pantalla: —¡Mataste a Apollo Creed! ¿Estás bromeando? ¡Era mi amigo!

Era una película. Yo lo sabía. Pero claramente batallaba con algunas emociones intensas; y todavía es así.

Recientemente Chelsea y yo queríamos ver una película en casa. Ella me dijo: —Escoge tú.

Así que comencé a ver las que había disponibles para rentar y escogí *Bajo la misma estrella*. Obviamente, no vi el avance.

Para el momento en que entendí que era una tragedia, era demasiado tarde, ya estaba inmerso en la calamidad y el caos y el dolor de la humanidad.

Cuando terminó la película, voltee a ver a Chelsea. Se había quedado dormida, como si hubiéramos estado viendo una comedia o algo así. Aparentemente a mi esposa no le importa el sufrimiento del mundo.

Pero yo estaba devastado. Me quedé allí acostado, con las lágrimas mojando mi almohada, y todo lo que podía decir—lo dije en voz alta—fue: —¡O sea, este planeta es horrible!

Yo estaba tan sentimental.

Me seguía diciendo a mí mismo: *Son actores. Cuando los créditos terminen y la música se apague, van a continuar con sus prósperas y saludables vidas.* Pero no podía sacudirme la carga emocional.

Me desperté a la mañana siguiente. Era martes, y tenía que dirigir una reunión de personal en la iglesia con unos cien miembros de la plantilla. Pero yo seguía en un estado de ánimo triste. Seguía preguntándole a la gente: —¿Ya viste *Bajo la misma estrella*? ¡Tenemos que hacer algo! La vida es tan dolorosa.

Fue tan extraño; estaba motivando a la gente a actuar para una causa completamente ficticia. ¿Qué me pasa?

Un último ejemplo: hace un tiempo, jugué en un torneo de golf en nuestro campo de golf local. Tenía grandes esperanzas y expectativas con respecto a mi desempeño porque soy un optimista y, contra toda probabilidad, siempre creo que hay un jugador de golf profesional dentro de mí que se manifestará algún día.

Jugué terriblemente mal, para ser franco, y estaba sufriendo por dentro. Mantuve la compostura los dieciocho hoyos, pero esto solamente porque estaba jugando con adultos genuinos. Una pareja de ellos sabía que yo era pastor, lamentablemente. Así que yo estaba como: —¡Oh, qué bien, un *bogey* (uno sobre par)!* No hay problema. ¿A quién le importa? Escuchen a las aves. Miren el cielo azul.

Pero eso fue totalmente falso. Así no soy para nada. ¿A quién le importan las aves y el cielo? Hice un *bogey* por cuarta vez, y me quería morir, o por lo menos decir una mala palabra. Pero jugué como si no fuera la gran cosa: —Es golf. Es solo un juego.

Por dentro estaba pensando: *¡No, no es solo un juego! ¡Es*

lo más importante en el universo en este momento! Pero no dije eso.

Tiré un 88, que es malo para mí. Sabía que mis amigos golfistas me llamarían y me preguntarían cómo me había ido, y yo estaba avergonzado. Pero seguía aparentando que todo estaba bien.

Hasta que llegué a mi coche. Toda mi familia—Chelsea y nuestros tres hijos—me estaban esperando dentro del vehículo. Me subí y cerré la puerta.

Lo primero que me dijo mi hijo de cinco años fue: —Hola, Papá, ¿cómo te fue?

Fue cuando exploté. Perdí el control. Comencé a golpear con el puño el tablero como si se hubiera muerto un ser querido o algo así. Entonces entre los golpes, escuché que mi siempre observador hijo de ocho años dijo: —Creo que no muy bien.

Por supuesto, cinco minutos más tarde, estaba mortificado. Impactado por mi reacción. Avergonzado por mi comportamiento. *¿En serio, Judah?*—Pensé—. *Ya hay un niño de cinco años en esta familia, y no eres tú. Es un juego de golf. Piensa las cosas desde otro punto de vista.*

Me disculpé con mi esposa y con mis hijos. Hasta donde sé, ningún conocido pasó por allí cuando me desmoroné. Eso hubiera sido extraño.

—¿Pastor? ¿Es usted?

—Hola, ¡Dios lo bendiga! Solo estoy golpeando mi tablero aquí. Por ninguna razón. Gloria a Dios.

¿Alguna vez ha sido tomado por sorpresa por su alma? ¿Sobresaltado por sus sentimientos? ¿Pasmado por sus reacciones?

¿Sabe cómo es cuando sus emociones están tan a flor de piel y tan reales? No lo puede evitar. Está en un momento terrible, un momento realmente bajo, porque lo que está experimentando es muy tangible para usted.

Pero unos minutos más tarde, usted se dice a sí mismo: *Qué horror, pensé que era más grande que eso. Pensaba que era más maduro que eso. Pensé que había ido un poco más allá de eso. Pero aquí estoy, actuando como un niño de nuevo.*

Usted se siente sorprendido por su alma; por lo fuerte que siente y lo mucho que lo afecta y lo controla. En el momento no parece recobrar la perspectiva.

La fuente del dolor puede ser casi cualquier cosa, por cierto: una palabra, un evento, una pérdida, un temor. Puede ser grande o pequeño, momentáneo o continuo. Estoy usando ejemplos amables aquí, pero ciertamente no quiero minimizar una tragedia genuina. Mi punto aquí no tiene tanto que ver con lo que disparó la espiral emocional, sino con qué hacer al respecto ahora.

¿Qué puede hacer cuando sus emociones están tan fuera de orden que no puede ver con claridad? ¿Cuando sus pensamientos lo traicionan, lo acusan y lo confunden? ¿Cuando el mundo a su alrededor y su mundo interno están igualmente carentes de esperanza y felicidad? ¿Cuando se encuentra golpeando tableros o llorando por la pérdida de personajes ficticios?

¿O qué hacer cuando su alma sufre?

DE MONTAÑAS RUSAS Y PANECILLOS

Probablemente sea el miembro más sentimental de mi familia. Lo reconozco. Los momentos emocionales me suceden con regularidad. No sé si sean las hormonas o el clima de Seattle o el hecho de que mi hermana mayor y mi madre me criaron de tal forma que me gustara ir de compras o la moda, y eso de alguna manera se tradujo en extrema sensibilidad emocional, ¿quién sabe? Todo lo que sé es que mi interior no siempre es tan estable como me gustaría.

Mi segundo hijo parece ser que es muy similar a mí, y me preocupa. Si usted es padre, sabe a qué me refiero. Las peculiaridades de sus hijos que más le molestan son las que heredaron de usted. Usted las reconoce instantáneamente porque ha tenido que batallar con ellas toda su vida. Usted solo quiere advertirles: —Un camino oscuro te espera. Da vuelta ahora.

Afortunadamente para nuestros seres emocionales, hay todo un libro de la Biblia dedicado a los sentimientos: Salmos. Se trata de más que solo sentimientos, por supuesto, pero las emociones definitivamente tienen un lugar en este libro.

Creo que el rey David, quien escribió muchos de los salmos, era un tipo emocional. Era un guerrero, era un rey, era un peleador; pero también era un amante y un poeta. Era complicado, al igual que nosotros.

Los Salmos 42 y 43 son ejemplos del tipo de inquietud del alma que las personas de todas partes experimentan casi todos los días. La mayoría de los eruditos creen que originalmente eran una sola canción en lugar de dos. No los voy a citar completos, pero valen la pena leerse por ninguna otra razón que por maravillarse de la masacre emocional a medida que el salmista repetidamente se abre paso desde las profundidades del desaliento solo para tambalearse y volver a caer dentro. Estos son los primeros seis versículos:

> *Como el ciervo brama por las corrientes de las aguas, así clama por ti, oh Dios, el alma mía. Mi alma tiene sed de Dios, del Dios vivo; ¿cuándo vendré, y me presentaré delante de Dios?*

Fueron mis lágrimas mi pan de día y de noche, mientras me dicen todos los días: ¿Dónde está tu Dios?

Me acuerdo de estas cosas, y derramo mi alma dentro de mí; de cómo yo fui con la multitud, y la conduje hasta la casa de Dios, entre voces de alegría y de alabanza del pueblo en fiesta.

¿Por qué te abates, oh alma mía, y te turbas dentro de mí? Espera en Dios; porque aún he de alabarle, salvación mía y Dios mío.

Dios mío, mi alma está abatida en mí; me acordaré, por tanto, de ti desde la tierra del Jordán, y de los hermonitas, desde el monte de Mizar.

El primer par de líneas es excelente. El compositor suena espiritual y estable. Está en contacto con la naturaleza. Incluso está hablando de ciervos y cosas así.

De pronto, de la nada, empieza a gritar. *"¿Cuándo vendré, y me presentaré delante de Dios?"* (v. 2). Está bien, yo le añadí el énfasis. Pero estoy seguro de que estaba gritando en este punto.

Después a pocas líneas de caer en el caos emocional, trata de recomponerse, toma algunos pañuelos desechables, busca donde quedó su tarjeta de hombre, y se pregunta en el versículo 5: *"¿Por qué te abates, oh alma mía?"*.

De hecho, repite esta frase tres veces en estos dos salmos (42:5, 11; 43:5). En otras palabras: *Mí mismo, ¿qué te pasa? Alma, ¿por qué estás tan decaída?* Se está hablando a sí mismo, y nosotros llegamos a escucharlo.

Creo que el poeta que escribió esta canción estaba sorprendido con su alma. Parece confundido por la profundidad (y léase: violencia) de sus emociones. Me encanta el hecho de que esto se encuentra en la Biblia, por cierto, ya que le da validez a nuestros propios altibajos; y creo que ese es el punto.

Esta es la realidad. Esta es la naturaleza humana. Si usted nunca ha quedado sorprendido por su alma, obviamente es un androide y no es real. Usted es un clon. Pero los seres humanos tienen esos días cuando nos pasan cosas como: *Qué horror, acabo de perder los papeles. Fui a Starbucks y se les habían acabado los panecillos de naranja, y exploté con el barista. ¿Que me pasa?*

Eso no sucedió, pero podría haber ocurrido. Estoy manteniendo esto a nivel de panecillos para que nadie sienta que me estoy refiriendo a él.

Otra cosa que hay que notar aquí es cuántas preguntas está haciendo el salmista. Yo cuento casi una docena de preguntas en solamente dieciséis versículos. Cosas como: "¿Cuándo me va a prestar atención Dios a mí?" (Salmo 42:2). "¿Dónde está Dios?" (42:3). "¿Por qué Dios me ha olvidado?" (42:9). "¿Por qué mis enemigos están ganando?" (42:9).

Esta es la realidad. Es algo con lo que nos podemos identificar, porque cuando nos desalentamos, tendemos a hacer muchas preguntas. Especialmente del tipo que no se pueden responder; de esas que empiezan con *cuándo* y *por qué*. Al igual que el compositor, tendemos a ponderar en las preguntas inmensas y galácticas con respecto a la existencia de Dios y el dolor cuando estamos en nuestros puntos más bajos.

Ese es el peor momento para tratar de responder esas preguntas, por cierto. Usted puede hacerlas, pero no trate de responderlas.

No trate de llegar a conclusiones fundamentales con respecto a la realidad o la bondad o la presencia de Dios en medio de un derrumbe emocional. Y ya que dijimos eso, tampoco tome un préstamo, se divorcie, se case o haga cualquier otra cosa que pueda alterar su vida solo porque sus emociones estén clamando por escapar. En la travesía de la vida, las emociones son compañeras excelentes, pero líderes terribles.

Pero bueno, de vuelta a nuestro pasaje. Estoy maravillado—incluso me siento consolado, lo reconozco—por cuántos cambios de dirección emocional hay en estos pocos versículos. También conté esos, y hay por lo menos nueve. Nueve ocasiones distintas en las que el salmo alterna entre positivo y negativo, entre esperanzado y deprimido, entre las alturas de la felicidad y las profundidades del desaliento.

Cuando noté por primera vez la naturaleza de sube-y-baja emocional de este pasaje, me pregunté: *Si pudiera ponerle fondo musical a esta trayectoria emocional, ¿cómo sonaría?* Téngame paciencia; así es cómo funciona mi cerebro cuando leo la Biblia. Es un caos.

Concluí que probablemente sonaría como una montaña rusa. Así que cuando el salmista está yendo hacia arriba emocionalmente, cuando está relativamente controlado y esperanzado, sería representado por el *clic, clic, clic, clic* de una montaña rusa subiendo.

Si usted ha estado en alguna montaña rusa, ese no es necesariamente el sonido más reconfortante, porque todos hemos escuchado que lo que sube tiene que bajar. Pero por lo menos no se encuentra yendo hacia abajo *en ese momento*. Usted está yendo hacia arriba, gracias a Dios, y puede respirar el aire fresco y ver el paisaje o por lo menos el estacionamiento a lo lejos en el suelo, y nadie a su alrededor está gritando. Aún.

Clic, clic, clic.

Entonces inevitablemente alcanza la cima. Y comienza a ir hacia abajo. Y todo cambia.

El fondo musical para esa porción podría ser algo como esto:

¡Aaaaahhhhhhhh!

Gritos frenéticos, desesperados y llenos de pánico. Realmente, la página escrita no le hace justicia. Espero pronto grabar el audiolibro para esta parte.

Si remplazamos el texto de Salmos 42 y 43 con nuestro fondo musical, así es como sonaría la travesía emocional a lo largo de los dieciséis versículos:

Clic, clic, clic, clic,

¡Aaaaahhhhhhh!

Clic, clic, clic,

¡Aaaahhhhh!

Clic, clic,

¡Aaaaahhhhhhhh!

Clic, clic, clic,

¡Aaaaahhhh!

Clic, clic, clic.

Termina en una nota positiva, más o menos.

Nuevamente: esta es la vida real. Algunos de nosotros, especialmente los que somos seguidores de Jesús, queremos pretender que la vida es solamente clic, clic, clic todo el tiempo.

—¿Cómo estás? —alguien le pregunta.

—¡Excelente! —*Clic, clic, clic, clic*—. Nada de problemas aquí. Nada de preocupaciones o depresión o confusión del alma. ¿Por qué preguntas? —*Clic, clic, clic.*

Pero la verdad es que, para las personas normales, nuestra vida es más como: *clic, clic, ¡aaaahhhhh! clic, clic, ¡aaaahhhhh!*

clic, clic, clic, ¡aaaahhhhh! Esa es nuestra historia todo el día, todos los días.

Piénselo, cuando alguien pregunta cómo le ha ido en el día y usted responde: —Bien—lo que realmente está diciendo es—: Solamente entré en caída libre tres o cuatro veces hoy. Eso no está mal. Los días malos se parecen más a diez caídas libres. Así que ha sido un día bastante bueno.

Me encantan estos dos salmos, porque así es como la vida en este planeta atribulado suena y se siente en realidad. Subidas pronunciadas y bajadas profundas. Ni siquiera tiene que ser una persona emocional. Usted podría ser una persona cerebral, una persona matemática. De todos modos, usted va a sentir emociones. Todos las tenemos. Dios nos las dio. Y puede ser bastante desafiante y alarmante cuando nos encontramos en este planeta adolorido que llamamos Tierra y al parecer no podemos encontrar ninguna estabilidad o claridad.

La actitud del compositor es especialmente interesante cuando usted se da cuenta de que era algún tipo de figura pública. En Salmo 42:4 dice:

> *Me acuerdo de estas cosas, y derramo mi alma dentro de mí; de cómo yo fui con la multitud, y la conduje hasta la casa de Dios, entre voces de alegría y de alabanza del pueblo en fiesta.*

En otras palabras, esta es una persona de gran influencia. Dice: —Yo dirigía a la gente. Dirigí a la multitud en alabanza al Dios creador. Yo tenía una plataforma.

Esto podría haber sido en Jerusalén, la capital de Israel. El compositor era el artista, la figura pública, la persona importante.

Probablemente usted no sea una figura pública en el sentido

hollywoodense de la palabra, pero tiene influencia. Todos la tenemos. Así que, ¿qué hacemos cuando nos encontramos dirigiendo a otros externamente, pero somos poco saludables internamente, cuando estamos ayudando a grandes cantidades de personas, pero por dentro estamos débiles e indispuestos?

Este compositor al parecer se identifica con eso. Note lo que dice en el versículo 6:

> Dios mío, mi alma está abatida en mí; me acordaré, por tanto, de ti desde la tierra del Jordán, Y de los hermonitas, desde el monte de Mizar.

Solamente escuche su condición y sus circunstancias. Está diciendo: —No estoy ni siquiera cerca de Jerusalén. Ese momento de éxito e importancia y fama no es más que un recuerdo. Pero aquí estoy en esta montaña perdida, deseando estar de vuelta en esa plataforma, dirigiendo a multitudes de personas. En lugar de ello, estoy lejos y no estoy bien. Estoy quebrantado. Estoy sorprendido por mis propias emociones y mis propias inconsistencias.

Este compositor está enfrentando esa dicotomía. Él ha ayudado a otros, pero ¿quién lo ayudará a él? Es un líder, debería saber cómo resolver eso. Debería estar mejor. Pero está batallando, porque también es humano. Su popularidad y su influencia solamente le añaden a la angustia, al dolor y a la vergüenza.

Eso suena bastante como nuestra cultura actual. Es la paradoja del liderazgo y la influencia. Solamente porque usted lidere personas y ayude a la gente no significa que siempre vaya a estar saludable en su interior. Al contrario, la presión de la influencia pública incrementa las tendencias poco saludables en nuestra alma. Si no tenemos cuidado, podrían hacernos defensivos y provocar que nos aislemos; en lugar de buscar ayuda cuando la necesitamos, aparentamos tener todo resuelto.

ESPERANZA EN DIOS

Las escrituras como los Salmos 42 y 43 nos recuerdan que Dios sabe exactamente lo que está sucediendo dentro de nosotros. Dios es el arquitecto de las construcciones complicadas, confusas e incluso contradictorias que llamamos nuestra alma.

Quizá nuestra alma nos sorprenda, pero no sorprende a Dios. Él no se impresiona ni se escandaliza por las tendencias con altibajos de nuestro corazón. No le da pena ajena solo porque nuestros sentimientos se salieron de control. Él ve la locura y el caos, y no le molesta ni un poco. Nos conoce mejor que cualquiera y nos ama más que todos.

Si Dios diseñó el alma humana, entonces es solamente lógico que sepa cómo arreglarla cuando está fuera de alineación. Sin embargo, algunas veces nos avergonzamos tanto por nuestras emociones y nos hacen alucinar tanto nuestros sentimientos que evitamos al que conoce mejor nuestra alma.

Así que tratamos de arreglarnos a nosotros mismos por nuestra cuenta. Pero los resultados suelen ser decepcionantes, porque es sorprendentemente difícil sentirse mejor solo porque queremos. Es difícil para nuestra alma recomponerse por sí misma porque las emociones son muy complicadas e incluso subversivas.

El problema con el desánimo es que nunca lleva a recobrar el ánimo. ¿Lo ha notado? El desánimo lleva a más desánimo. Estamos deprimidos por estar deprimidos. Nos sentimos tristes por lo tristes que estamos. No podemos creer que nos hayamos frustrado tanto por un panecillo o por un juego de golf o por la Tía Viv, y la revelación de nuestra inmadurez nos deprime todavía más y todo el asunto se autoperpetúa.

¿Cómo interrumpimos el ciclo? ¿Cómo ponemos en corto circuito al desánimo que lleva a más desánimo hasta que finalmente necesitemos una intervención solamente para sacudirnos del estado en el que nos encontramos?

Este pasaje muestra donde el compositor encontró su estabilidad y claridad. Como vimos anteriormente, el compositor pregunta tres veces: "¿Por qué te abates alma mía, y por qué te turbas dentro de mí?".

Cada vez que hace la pregunta, llega a la misma respuesta. Es una afirmación definitiva, clarificadora. Es una perspectiva que aleja la neblina, los momentos turbios, los sentimientos de confusión.

"Espera en Dios; porque aún he de alabarle, salvación mía y Dios mío" (Salmos 42:5, 11; 43:5).

¿Cómo llegó a ese lugar? Lo que sí sabemos es que no sucedió instantáneamente. Eso es obvio solamente por seguir su paseo en montaña rusa.

Quizá se haya estado recriminando porque le ha tomado mucho tiempo recuperar el enfoque y su fe. Necesita detenerse. Estoy bastante seguro de que a eso se le llama ser humano. No pierda la esperanza solo porque ha batallado un rato. Observe esto: el compositor está en una caída libre frenética durante cuatro versículos completos antes de volver en sí y decir: —Un momento; ¿qué estoy sintiendo y por qué lo estoy sintiendo?

Dos cosas se destacan en la travesía de este músico. Primero, está dispuesto a cuestionarse sus sentimientos. *¿Por qué me estoy sintiendo así?*

Esto es increíblemente importante en la cultura y sociedad actual. Si queremos ser saludables en el interior, tenemos que cuestionar nuestras entrañas. Tenemos que cuestionar nuestra alma. Tenemos que cuestionar nuestros sentimientos.

Eso parece muy simple. Pero estamos viviendo en una época en la que los sentimientos se han vuelto incuestionables; bastiones inexpugnables de verdad e identidad individual. *¿Cuestionar lo que siento? No, eso sería insincero. Poco auténtico. Solamente necesito seguir lo que siento. Ser orgánico y real y espontáneo.*

He sido pastor y conferenciante durante ya casi dos décadas. No puedo recordar cuántas veces me he sentado con un universitario en un café o en otra parte en Seattle o en Los Ángeles o en alguna otra ciudad, y lo primero que sale de su boca es: —Bueno, es que siento...

Y si le comparto una Escritura o un pensamiento, él me responde: —Pero, Judah, es que siento...

Los sentimientos son el idioma de nuestra época. Y decirle a alguien que lo que está sintiendo podría ser incorrecto es un pecado capital en nuestra sociedad.

Esta es una historia real: investigaciones recientes han mostrado que los seres humanos son irracionales.[1] Esas no son realmente noticias para ninguno de nosotros. Según estos investigadores, tomamos decisiones morales definitivas impulsiva e irracionalmente. Y luego invertimos una desmedida cantidad de tiempo defendiendo esas decisiones impulsivas e irracionales.

Tomamos decisiones con base en sentimientos y les llamamos hechos. ¿Por qué? Porque se sienten reales. *Estos son verdaderamente mis sentimientos*—dice esta lógica—, *por lo que cualquier creencia o idea a la que estos sentimientos estén adheridos también debe ser cierta. Siento que es verdad para mí, así que esta es mi verdad, y más te vale no decirme que es ficción porque eso sería negar la validez y la autoridad de mis sentimientos.*

No estoy siendo cruel con las personas emocionales, orientadas a los sentimientos. Yo soy uno de ellos, ¿recuerda? Yo estaría totalmente a favor de este tipo de estilo de vida y de actuar personal y subjetivo si funcionara. Yo estaría completamente en pro de esta filosofía si produjera gozo, satisfacción y propósito duraderos.

Pero consideremos esto lógicamente. ¿Qué pasaría si todos contáramos hasta tres y luego simultáneamente hiciéramos lo que nos viniera en gana? Imagíneselo. Sería un caos total y completo. ¿Usted cree que los zombis son malos? Imagínese a millardos de personas cuyo único criterio para tomar decisiones fueran sus sentimientos, emociones y deseos. Sería como ir de compras el día nacional de ofertas.

En el momento de escribir este libro, solamente he estado succionando oxígeno en este planeta durante treinta y ocho años, así que por favor téngame paciencia. En mi limitada experiencia, no he encontrado a una sola persona que me haya dicho: —Mi filosofía general en la vida es hacer lo que se me antoje cuando se me antoje, y me ha traído una felicidad increíble y satisfacción y paz. Simplemente sigo cada sentimiento fugaz. Así es como vivo mi vida, y es el secreto de mi felicidad.

Nunca he conocido a una persona así.

En lugar de ello lo que he encontrado es que la satisfacción, la paz, el gozo y la salud internas son, irónicamente, con frecuencia encontradas por hacer exactamente lo opuesto de lo que siento deseos de hacer en el momento.

Déjeme aclarar esto: no estoy defendiendo una vida carente de emociones. Eso sería al mismo tiempo imposible y aburrido. Tampoco estoy diciendo que nuestras emociones no puedan colorear y darle forma a nuestras acciones, porque deberían hacerlo y lo hacen. Soy un gran aficionado de la espontaneidad y de vivir en el momento.

Pero como dije anteriormente, nuestros sentimientos no gobiernan nuestra vida. Por eso es que debemos cuestionarlos. Es útil, saludable y nos hace sentir humildes que probablemente lo que estamos sintiendo está completamente equivocado.

Lo segundo que se destaca en estos dos salmos es la respuesta que nos da el compositor: "Espera en Dios".

Es una afirmación sencilla, pero tenga en cuenta el contexto. El autor está perdido, confundido y desesperanzado. Así que considera sus opciones, y llega a esta conclusión: *O la vida no tiene significado y mi existencia no importa; o Dios es la única esperanza que tengo.*

Cuando consideramos la magnitud y la proliferación del dolor y el sufrimiento en este planeta, esas realmente son las únicas dos conclusiones a las que podemos llegar. Por un lado, probablemente Dios no es real y la vida es un accidente. Si eso es cierto, entonces nuestra vida no tiene trascendencia más allá del presente. Nuestra existencia es una peculiaridad y una coincidencia. No existe el bien o el mal. Algún día dejaremos de existir. Pasaremos a la ignominia y nada de esto habrá importado.

Pero, por otro lado, quizá haya un Dios. Probablemente exista un propósito y una razón para nuestra existencia. Es posible que estemos aquí porque un creador, un arquitecto, un ser más grande que nosotros esté activamente trabajando en el universo. Si eso es cierto, es razonable que se revelará a nosotros. No solamente eso, sino que estaría comprometido con preservar y proteger y amar a su creación.

Por lo tanto, cuando nos encontramos dando tumbos por los agujeros del desánimo y la depresión, tenemos que decidir. Ya sea creemos que nada importa, o ponemos nuestra esperanza en alguien que es más grande que nosotros: Dios.

Creo que este encuentro de lucha libre es exactamente lo que está sucediendo en estos dos salmos. Estamos siendo testigos de la agitación interna de alguien que está enfrentando sus opciones. Y escoge la esperanza. Él escoge volverse a Dios, y eso hace toda la diferencia.

Observe que el artista tiene una historia con Dios. Dice: "Espera en Dios; porque aún he de alabarle". La palabra nuevamente significa que lo ha alabado en el pasado, antes de que la vida se volviera confusa y su alma se deslizara fuera de equilibrio. Las cosas podrían ser terribles en este momento, pero hubo un día en el que vio y probó la bondad de Dios.

Ese recuerdo le da la esperanza que necesita. Así que en lugar de permitir que sus pensamientos se queden atorados en la arena movediza de sus emociones, mira hacia el futuro. Si pudo confiar en Dios en el pasado, puede confiar en Él para el futuro. Posiblemente esté sorprendido por su alma en este momento, pero no está sujeto a su alma. No está atrapado por sus sentimientos para siempre.

Él dice: *Mi vida se siente que está de cabeza en este momento, pero voy a fijar mi vista en Dios. Voy a poner mi esperanza en Él. Lo conozco y va a resolver esto. Sí, estos sentimientos son confusos, pero se van a desvanecer, y yo voy a volver a alabar a Dios.*

Existe la probabilidad que usted haya visto la mano de Dios obrando en su vida. Quizá no lo reconoció por lo que era. Podría ser que fuera difícil creer que Dios pudiera ser encontrado en lo que fuera que estuviera pasando. Pero después recordó y cayó en cuenta de que incluso en momentos oscuros, Dios estaba justo allí con usted.

Tómese el tiempo de pensar en esas experiencias. Recuerde

la bondad, la presencia y el poder de Dios. Sus sentimientos vienen y se van, pero Dios permanece siendo el mismo, y usted volverá a alabarlo. Es solamente cuestión de tiempo.

El salmista sigue adelante y dice: "Espera en Dios; porque aún he de alabarle, salvación mía y Dios mío".

Ese es un lenguaje interesante: Salvación mía y Dios mío. Muchas personas creen en *un* Dios. Eso se encuentra dentro de la razón. Eso es lógico. Pero el artista lo llama salvación *mía* y Dios *mío*. En otras apalabras, Dios no solamente es un jefe impersonal, distante sin sentimientos. Él es personal. Está presente. Él está con nosotros y está a nuestro favor incluso cuando no podemos ver más allá de nuestros problemas.

Estoy convencido de que la consciencia del cuidado de Dios por nosotros es la clave de la cordura emocional. La vida es demasiado grande, demasiado desconocida y demasiado confusa para que la entendamos por nuestra cuenta. Muchas personas piensan que lo que les suceda depende de ellos, que son los navegantes y controladores de su destino. Eso es excelente cuando la vida es suave; pero finalmente es un acercamiento que lo derrota a uno mismo, porque cuando más necesitan ayuda, no tienen a quién recurrir.

Dios es *nuestro* Dios. Él es *nuestra* salvación. Toda su atención está hacia nosotros. Es difícil para nuestro ser finito comprender que la persona más poderosa en el universo podría estar involucrada íntimamente en nuestra vida diaria, pero es cierto. Y esta realidad, conocimiento y consciencia nos rescatará del ciclo del desaliento.

Nadie más en el universo puede ser nuestra esperanza, por cierto. Su mejor amigo no lo puede salvar. Su cónyuge lo decepcionará. Su pastor es tan humano como usted.

Uno de los peligros ocupacionales de pastorear es que algunas veces las personas quieren que yo sea su esperanza y su salvación. Eso es atemorizante, porque es imposible. No puedo salvar a nadie; yo mismo necesito un salvador.

Alguien me dirá algo como: —Escucha, pensé que éramos amigos, pero algunas veces tú simplemente no me apoyas. El otro día necesitaba ayuda con mi matrimonio. Pero no me llamaste. No me respondiste el mensaje de texto. Empezaste a hacerlo, porque vi unos puntos suspensivos en mi teléfono, pero entonces desaparecieron. ¿Por qué no me ayudaste, Judah?

Y por dentro estoy pensando: *La razón por la que no respondí tu mensaje cuando me pediste consejería matrimonial fue porque cuando me escribiste, estaba de hecho en medio de una discusión con mi esposa. Así que realmente no estaba de humor para dar consejos.*

Quizá no confiemos en los demás, pero confiamos en nosotros mismos. Pensamos: *Voy a esforzarme más. Voy a mejorar. Voy a sacarme a mí mismo de este foso.* Pero tarde o temprano, nos damos cuenta de que no podemos ser nuestra propia esperanza. No podemos salvarnos a nosotros mismos.

Es por eso que el artista dice: "Espera en Dios". No en otras personas. No en nosotros mismos. No en el conocimiento. No en el trabajo duro. No en las reglas o en la religión. No en las buenas intenciones o buenas obras o buena suerte.

Por favor, entienda lo que estoy diciendo. Esas cosas son admirables. Pero no van a restaurarlo en su interior. El Dios que creó el universo está constantemente preocupado por su vida e involucrado en su vida. Esa es la fuerza más estabilizadora emocionalmente que pueda existir.

Dios no es solamente el Dios del universo. Él es su Dios, su salvación y su esperanza. Él está disponible para usted. Su atención y sus cuidados están perpetuamente hacia usted. Jamás le serán removidos. Puede hablar con Él. Puede involucrarse con Él. Conoce sus sentimientos y sus emociones mejor que usted.

Sabe por lo que está pasando. Conoce sus subidas y conoce sus bajadas.

La realidad del cuidado de Dios por usted lo hace saludable por dentro. Lo habilita para levantarse de nuevo, para creer otra vez y caminar una vez más.

Su cuidado y su preocupación no dependen de su desempeño, por cierto. Recuerde que no fue su idea pedirle a Dios que cuidara de usted; Él se lo prometió mucho antes de que siquiera hubiera nacido. La Biblia está llena de las promesas de Dios para guiar sus pasos y cuidar de su alma. Usted puede acercarse a Él con confianza sin importar donde se encuentre, porque se preocupa por usted más de lo que pueda alguna vez merecer o describir.

Sí, la vida es complicada e impredecible. No siempre puede explicar—mucho menos controlar—las emociones y sentimientos que lo inundan de vez en vez. Cuando sus emociones lo sorprenden y sus sentimientos lo traicionan, usted necesita una fuente de esperanza mayor que su alma. Usted necesita un ancla para su alma. Y como veremos en el siguiente capítulo, Dios ya le proveyó esa ancla. No es un concepto, una filosofía o una ideología.

Es una persona. Y su nombre es Jesús.

cuatro

UN ANCLA PARA MI ALMA

Recientemente alguien me preguntó: —¿Es usted náutico?

Yo contesté algo como: —Bueno, en los ochentas o noventas, por supuesto que tenía un poco de esa ropa...

La persona no me estaba siguiendo: —No, quiero decir que si usted es bueno con los barcos y esas cosas.

Yo dije: —No para nada. ¿Por qué lo pregunta?

—Porque usted es de Seattle.

Obviamente, no me conocía bien, porque no soy una persona buena con las manos. Realmente no hago bien las cosas manuales. Básicamente, soy bueno hablando...y nada más. Chelsea y yo estábamos hablando con una pareja hace un tiempo, y creo que el hombre estaba bajo un poco de presión por parte de su esposa porque ella pensaba que no estaba trabajando lo suficiente en la casa, así que él comenzó a mencionar todas las cosas que hacía: —Yo llevo las finanzas, y de hecho cocino un poco y algunas veces paso la aspiradora. Y lavo la vajilla; los platos son mi responsabilidad.

Se suponía que debíamos ayudarlos a resolver sus problemas matrimoniales, pero yo estaba comenzando a sudar porque nunca había hecho nada de eso Volteé a ver a Chelsea para que me apoyara: —Amor, ¿qué hago yo?

Ella respondió: —Tú no haces nada.

Eso dolió. Yo me quedé como: —¿En serio? Te di tres hijos. Y puedo darte más si quieres.

En unas vacaciones recientes, tomé la responsabilidad de vaciar la lavaplatos. Yo nunca la cargo—jamás—porque esos platos están usados y sucios y tienen partículas de alimentos incrustadas en ellos. Pero decidí que, por lo menos, podría arreglármelas con platos limpios. Cuando terminé, empecé a decirle a todos acerca de ello. Estaba buscando un poco de reconocimiento o algo.

Mi hijo pasó, y le dije: —Escucha, Zion, adivina qué.

—¿Qué?

—Saqué los platos de la lavaplatos—podía ver que no estaba impresionado—. De veras estaba llena. Como que estamos usando muchos platos aquí en las vacaciones.

—O sea, ¿en serio, Papá? —Y siguió caminando.

Por dentro pensé: *Mira hijo, te traje a este planeta y puedo sacarte de él.* Como sea, ese fue un inmenso pinito para mí.

Toda esta historia es solo para ilustrar lo mucho que no soy bueno con las manos ni tengo afecto por las actividades al aire libre, así que definitivamente no soy náutico. Eso hace que la siguiente historia sea completamente inexplicable. Pero sucedió.

Hace unos veranos, Elijah y Annemarie, quienes son dos de nuestros mejores amigos, y Chelsea y yo decidimos conseguir un barco y navegar en el mar azul. Creo que es posible que haya sido mi idea. No fue una de mis mejores ideas, en retrospectiva, porque ninguno de mis compañeros marineros era náutico tampoco.

Annemarie encontró un bote usado en la internet. Era viejo, pero apenas lo habían usado, dijo la señora. Y solo costó trescientos dólares, lo cual era perfecto. Fuimos a la casa de la señora para recogerlo. De hecho, era un bote de remos, como descubrí más tarde, pero en ese momento no vi los remos, así que no caí en cuenta de ello. Le regateé cincuenta dólares. Este negocio estaba mejorando cada minuto. Le pagamos, y por alguna razón nos veía como si fuéramos idiotas o turistas o algo.

El peso máximo que el bote podía cargar era de 380 libras [172,4 kg], lo cual era desafortunado porque yo peso 178 libras [80,74 kg] cuando estoy haciendo ejercicio, y Elijah se encuentra alrededor de eso también. Nuestras esposas pesan como 95 libras [43,09 kg] cada una. Pero eso no importaba porque esta cosa tenía *portavasos*. Una muy buena compra. Siguiente, encontramos un motor clásico, que simplemente significa que era realmente viejo. Más viejo que yo, de hecho. Pero según el vendedor, también apenas y se había usado. Yo siempre caigo con ese tipo de publicidad. *¿Casi sin usar? ¿Clásico? Me lo llevo.*

Ahora estábamos listos para navegar el estrecho de Puget. Estábamos determinados a abrazar nuestra herencia de Seattle y convertirnos en personas náuticas, por lo menos por una tarde.

Metimos el barco al agua cerca de la orilla. Todavía no habíamos encendido el motor, porque no podíamos dilucidar cómo hacerlo.

Sin que lo supiéramos, una barcaza tenía planeado pasar por allí en ese preciso momento. Yo no sabía nada acerca de las estelas, pero aprendí rápidamente porque unos segundos después de que la barcaza pasó, las olas comenzaron a chocar contra el bote el cual se llenó de agua.

En caso de que usted no esté familiarizado con el estrecho Puget, parece un lago, pero de hecho es el océano. No creo haber entendido eso realmente antes. Pero estaba empezando a captarlo.

Cuando los tsunamis dieron contra el bote, Elijah y yo estábamos en el agua tratando de aparentar que éramos lo suficientemente diestros con las manos como para ponerle un motor a un bote de remos. Entonces vimos que el bote comenzó a zozobrar y entramos en pánico. Así que hicimos lo que cualquier marinero musculoso y varonil habría hecho: les gritamos a nuestras esposas pidiendo auxilio: —¡Chelsea, Annemarie, se está hundiendo! ¡Aseguren el bote! Por eso es que nos casamos con ustedes.

Así que empujaron el bote a la orilla y lo voltearon (¿qué tipo de maridos somos?) para vaciar el agua.

Luego lo volteamos de nuevo, lo empujamos lejos de la orilla un poco, y todos nos subimos. De alguna manera le pusimos el motor y luego lo empujamos completamente lejos de la orilla. Allí estábamos, cuatro adultos en un pobre bote de remos con un pequeño motor colocado a duras penas en la parte posterior. Todos teníamos vasos de agua con hielo. ¿Por qué? Porque tenía portavasos. Así tenía que ser.

Encendimos el motor. Yo esperaba escuchar un rugido satisfactorio, el sonido de un motor robusto capaz de capotear las corrientes oceánicas y de mantenernos lejos del camino de las estelas y las olas y las ballenas, pero en lugar de eso, a toda su capacidad, todo lo que obtuvimos fue un zumbido agudo que sonaba más como una banda de mosquitos borrachos. Estoy seguro de que puedo roncar más fuerte que ese motor.

En este punto nuestro bote estaba exactamente a cuatro pulgadas [diez centímetros] del agua. Usted cree que estoy exagerando, pero no. Algunas veces lo hago, pero no en este momento. Estábamos a cuatro pulgadas de la tragedia total. A cuatro pulgadas de recrear la historia de Jonás.

Verdaderamente hay ballenas en el estrecho Puget, amigo. Y focas y leones marinos y probablemente tiburones.

Al principio estaba un poco inquieto, pero traté de convencerme de que estaba bien: —Esto es asombroso, ¿no, Elijah?

—¡Sí, es increíble! Me encanta.

Y por dentro todos estábamos pensando: Esto no va a terminar bien.

Otra barcaza pasó por un costado. En este momento estábamos como a seiscientas yardas [como a quinientos cincuenta metros] o más de la costa, por lo menos.

Le estaba contando esta historia a alguien, y me interrumpió en este punto. —¿No sabes nadar?

Y yo: —Sí, pero ¡no me gusta hacerlo! ¿Qué tipo de pregunta es esa? Yo vivo en tierra.

Como sea, la barcaza, pasó por un costado, como las barcazas suelen hacerlo, y las olas comenzaron a golpearnos. Quedé impactado por las reacciones de ciertos pasajeros a esto. Había pastores a bordo que probablemente dijeron algunas palabras explícitas, y yo estaba totalmente decepcionado. Comencé a hablar con Dios, pero ellos estaban diciendo todo tipo de cosas. Y estaba pensando: *¡No puedo creer que me haya casado contigo en primer lugar!* Estoy bromeando. Quizá.

El bote nuevamente comenzó a llenarse de agua, solamente que ahora estábamos demasiado lejos para hacer que nuestras esposas nos salvaran. Empezamos a usar los vasos de los que teníamos pensado beber para achicar el agua de nuestro bote. Yo estaba pensando: *Esto no está bien. Así no es cómo vi que las cosas terminarían. Un momento, ¿nos vamos a morir?*

No nos morimos, obviamente. Pasamos las siguientes cuatro horas yendo de un lado al otro y subiendo y bajando y esquivando barcazas al ritmo de un fondo de mosquitos borrachos.

Estábamos viviendo el sueño de un bote de remos con un motor de 1976 a cuatro pulgadas de sálvese quien pueda.

¿Alguna vez se ha sentido a cuatro pulgadas del desastre? Posiblemente usted se encontraba emocional, interna, mental o, incluso, espiritualmente a cuatro pulgadas de rendirse. A cuatro pulgadas de quedar completamente sumergido. A cuatro pulgadas de la tragedia, de la calamidad, de decir: *Aquí quedé. Ya no puedo más con esto. Es demasiado.*

No solo son las cosas malas las que lo pueden llevar a este punto, por cierto. Algunas veces el éxito puede llevarlo allí. Aquello con lo que soñó, por lo que trabajó, lo que lo apasionaba; cuando finalmente logra ese ingreso o reconocimiento o puesto que usted imaginaba, descubre que lo ha llevado a cuatro pulgadas de quedar abrumado.

Si no se puede identificar con ese sentimiento de desastre inminente—sea como resultado de demasiadas cosas dolorosas o demasiadas cosas buenas o una combinación de ambas—entonces, usted debe tener seis años de edad. Porque para todos los seres humanos normales que vivimos en este planeta doloroso, fragmentado y roto, así es la vida.

Estoy seguro de que conoce el sentimiento. Todos hemos vivido lo suficiente como para experimentar esto una o dos o cientos de veces. *Si una barcaza más pasa por un costado, si vuelve a suceder algo inesperado, si me dan un poco más de malas noticias, voy a hundirme interna y emocionalmente. Voy a rendirme.*

Mientras escribo este capítulo, las noticias de otro ataque terrorista incomprensible dirigido a los civiles está inundando los canales informativos, y mi corazón se está rompiendo nuevamente. Parece haber un flujo constante de tragedia, atrocidad y calamidad en este mundo. No lo puedo procesar. No me cuadra. No lo puedo entender. Estamos viviendo tiempos inestables, inciertos.

Este mundo puede ser tan doloroso y tan difícil, y casi en un instante nuestra alma puede pasar de estar boyante a estar a cuatro pulgadas de zozobrar.

UNA MEJOR ANCLA

En el capítulo anterior hablamos acerca de las emociones sorprendentes de nuestra alma y cómo Dios es la fuente de esperanza de nuestra alma. Ahora quiero considerar a más detalle la manera en que Dios es la fuente de estabilidad de nuestra alma. Estoy convencido de que nuestras necesidades internas de seguridad, fortaleza y solidez solamente pueden ser satisfechas cuando nuestra alma encuentra su hogar en Dios.

Hebreos 6:17–20 describe esta realidad:

> Por lo cual, queriendo Dios mostrar más abundantemente a los herederos de la promesa la inmutabilidad de su consejo, interpuso juramento; para que por dos cosas inmutables, en las cuales es imposible que Dios mienta, tengamos un fortísimo consuelo los que hemos acudido para asirnos de la esperanza puesta delante de nosotros. La cual tenemos como segura y firme ancla del alma, y que penetra hasta dentro del velo, donde Jesús entró por nosotros como precursor, hecho sumo sacerdote para siempre según el orden de Melquisedec.

Este pasaje en particular fue escrito para el pueblo judío hace dos mil años, así que tiene referencias históricas y culturales con las que podríamos no identificarnos de inmediato actualmente. Pero cuando mira más de cerca, uno cae en cuenta de que Dios nos está hablando de una necesidad innata que es tan universal como eterna: la necesidad de estabilidad.

Leí estos versículos recientemente y me hice una pregunta sencilla: ¿Tiene mi alma un ancla? Porque evidentemente mi alma necesita una; ese es el punto de este pasaje.

Recuerde que estamos definiendo el alma como el "usted interior". Es su corazón; su ser interior; su mente, voluntad y emociones. Si usted es como yo, su alma tiene la tendencia de flotar a la deriva como un barco en el mar. El propósito del ancla es evitar que flote a la deriva. Evita que usted sea llevado por cada estela y corriente que pase remolineando. Finalmente, evita que usted zozobre.

En retrospectiva, a nuestro bote de remos le podría haber servido un ancla. Y un motor real. Y una mejor tripulación, en realidad. Pero, oiga, teníamos portavasos.

Un ancla es un agente de estabilidad. Es un agente de seguridad. Es un agente de firmeza. Si se ata a ella, sin importar lo impredecibles o desafiantes que se vuelvan los elementos, usted permanece estable.

Hay una razón por la que encontramos este pasaje en una carta a los primeros seguidores judíos de Jesús. Fue escrita a personas que habían escuchado y creído que su muy esperado Mesías, su Salvador, había venido en realidad, y que su nombre era Jesucristo de Nazaret.

En el momento en que estos hebreos creyeron en Jesús, sus vidas cambiaron dramáticamente. A causa de la persecución religiosa, muchos de ellos perdieron familiares, amigos, negocios y empleos. Estaban en dolor. Estaban sufriendo económica, financiera, emocional y físicamente porque habían decidido seguir a Jesús.

El autor de hebreos les escribió a dos grupos principales

de personas. El primer grupo estaba compuesto de personas que estaban a diez centímetros de rendirse. Estas personas estaban pensando: *Se acabó. Esto es demasiado difícil. Esto es demasiado doloroso. Seguir a Jesús me ha costado en tantos aspectos. He perdido amigos y seres queridos. Jesús no vale la pena.* Así que el escritor les dijo: —No renuncien a Jesús.

El segundo grupo eran los que querían simplemente añadir a Jesús a su conglomerado de conceptos e ideas espirituales. Querían creer en Jesús, pero también querían guardar la Ley y los Diez Mandamientos. Tenían una espiritualidad híbrida en la que trataban de combinar la fe en Jesús con otros caminos espirituales. El escritor les escribió para decirles: —Jesucristo es suficiente.

El escritor de Hebreos utiliza imaginería marítima para referirse a Jesús. Y yo estoy calificado para explicar esto, en caso de que se lo estuvieran preguntando, porque ahora soy náutico. Cuatro horas de experiencia hacen toda la diferencia.

Eso nos lleva a nuestro pasaje en Hebreos 6. El autor utilizó la imaginería familiar de un bote y un ancla para recordarle a estos antiguos seguidores de Jesús que cuando se sintieran abrumados, necesitaban aferrarse a Jesús. Jesús era suficiente para ellos; simplemente necesitaban asirse de la esperanza de su alma, sin importar el tumulto y el torrente a su alrededor. El escritor pintó un hermoso retrato de esperanza y seguridad y estabilidad que tenemos en Jesús. Dijo: "La cual tenemos como segura y firme ancla del alma".

Entonces hizo referencia al sacerdocio judío y al templo, que son componentes esenciales en el sistema de creencias de Israel, increíblemente ricos en simbolismo y metáfora. El escritor les estaba recordando a estos seguidores de Jesús que la historia, los milagros, los escritos y las profecías, los principios espirituales y las ceremonias religiosas que habían aquilatado durante siglos, todo esto finalmente señalaba a Jesús. Su esperanza no era un sistema religioso o un conjunto de mandamientos, sino una persona. Jesús era la inamovible y eterna ancla de su alma.

Necesitamos que nos recuerden lo mismo. Dos mil años después, no mucho ha cambiado en la naturaleza humana. A veces seguimos encontrando a nuestra alma abrumada, y todavía necesitamos un ancla.

Cuando me pregunté a mí mismo: *¿Mi alma tiene un ancla?*, eso instantáneamente disparó una pregunta relacionada: ¿Qué *es mi ancla*? En otras palabras, ¿adónde me vuelvo cuando me siento abrumado? ¿Cuando siento que me estoy ahogando por dentro? ¿Cuando necesito un escape?

He escuchado todo tipo de respuestas a esa pregunta a lo largo de los años. Algunas personas dicen: —Bueno, estoy libre de deudas. Esa es la clave. La casa está totalmente pagada. Tengo un plan para el retiro. Tengo dinero en el banco. Estoy listo para la vida.

Finalmente, las anclas de su alma son sus empleos, su preparación, sus conexiones y prominencia o su inteligencia.

Yo estoy a favor de la estabilidad financiera y la planeación de carrera. Pero seamos sinceros, esa perspectiva tiene agujeros. La vida no es limpia y ordenada y controlada. No es predecible. Nos preparamos para lo peor y esperamos lo mejor, pero aun así estamos sujetos a los caprichos y antojos del tiempo y el azar.

La conclusión es que las cosas que no tienen alma no pueden ayudar a las personas que sí tienen alma. Su coche no le puede ayudar cuando esté desanimado. No sustentará su alma, a pesar de que tenga asientos con calefacción y GPS y una abundancia de portavasos. No lo puede ayudar porque no tiene alma, y usted sí. Su casa no tiene alma. Su empleo no tiene alma. Su preeminencia y posición social no tienen alma. Por definición y por naturaleza, estas cosas no tienen la capacidad dentro de sí mismas de asistirlo con su mente, su voluntad o sus emociones.

Algunas personas podrían responder esta pregunta diciendo: —Mi ancla es mi hombre. Es santo, es fuerte, es valiente.

O quizá: —Mi ancla es mi chica. Es hermosa. Somos perfectos juntos. Podemos conquistar cualquier cosa.

Otro podría decir: —Soy un hombre de familia. Mi ancla son mis hijos, mis nietos, mi familia. Nada nos puede separar. Nos apoyamos sin importar qué.

Algunas personas se anclan en sus amigos: —Somos mejores amigos. Hemos pasado juntos el infierno y las crecientes de aguas. Mientras lo tenga a él o a ella en mi vida, estoy bien.

Sí, la gente tiene alma. Así que estas respuestas son definitivamente un paso más arriba de ligar su seguridad a su plan de retiro o a esa propiedad que adquirió cerca del lago. Yo estoy a favor de los amigos y la familia. La familia natural, la familia espiritual, la familia de la iglesia, los amigos cercanos y los lejanos; nuestras relaciones realmente marcan una diferencia.

Pero incluso esta respuesta tiene agujeros, porque esa persona con la que usted está contando tiene un alma que está igual de frágil y fragmentada que la suya y la mía. Él o ella podrán apoyarlo algunas veces, pero no todo el tiempo.

Muchas personas entran al matrimonio pensando que su cónyuge será la fuente de su estabilidad. Pero terminan lastimados y frustrados porque se decepcionan mutuamente. Así que se quejan: —Nunca me apoyas.

Y la respuesta instantánea es: —Bueno, tú tampoco me apoyas.

Se convierte en un antiguo duelo del oeste donde ninguno

de los dos lados bajará su pistola primero: —Bueno siento que simplemente no te interesa. Y no me escuchas. No satisfaces mis necesidades o mis expectativas. No estoy feliz y no estoy seguro siquiera de si te sigo amando.

El problema no es falta de amor. Son las expectativas imposibles. Es la creencia de que nuestra alma pueda encontrar satisfacción y fuerza máxima por medio de anclarse a otra alma humana. Pero, una persona tras otra nos decepciona porque su alma también está sufriendo. Nos atamos el uno al otro, y luego ambos terminamos casi ahogados por las tormentas de la vida.

Discutimos y nos quejamos: —¿Por qué no me has salvado ya?

Y los otros gritan de regreso: —¡No lo sé! ¡Pensé que tú me ibas a ayudar!

El problema es que no nos podemos salvar unos a otros. No nos podemos anclar unos a los otros. Entonces, ¿cuál es la solución?

Necesitamos a alguien con alma. Necesitamos que sea un alma semejante a la nuestra, un alma que conozca nuestro estado y nuestra condición. Pero al mismo tiempo, necesita ser un alma que sea profundamente distinta, un alma que sea sin defecto y perfecta e íntegra. Esa es la única alma que puede arreglarnos, porque no tiene que arreglarse a sí misma.

Allí es donde entra Jesús.

Estoy seguro de que sabía que iba a decir eso. Siempre termino allí porque estoy convencido de que es cierto. Jesús es el ancla que nuestra alma anhela.

Probablemente usted diga: —Yo realmente no soy afecto a Jesús. Realmente no estoy metido en la iglesia y en las cosas religiosas.

Eso está bien. Esa es su decisión. Pero déjeme apelar a

usted solo un momento. Si no es Jesús, entonces lo que estoy diciendo es que necesita encontrar otro ser divino y perfecto que esté completamente familiarizado con la humanidad, alguien que haya vivido entre nosotros y que al mismo tiempo haya vivido sin pecado perfectamente. Encuentre un ser que tenga un alma que no tenga defecto, pero que pueda identificarse totalmente con nuestra alma; alguien que nos trascienda y que al mismo tiempo esté completamente involucrado con nosotros; alguien que esté íntimamente al tanto de nuestra fragilidad y depravación, pero que al mismo tiempo esté incondicional e inamoviblemente enamorado de nosotros; alguien que nos pueda rescatar y salvarnos en cada pico y foso de la vida. Lo único que estoy diciendo es que, si no es Jesús, encuentre a alguien como Él.

JESÚS EL HELICÓPTERO

Jesús es la segura y firme ancla de nuestra alma. Pero para ser honestos, me hubiera gustado que el autor de Hebreos no hubiera dicho ancla. Leí esto y pensé: *Me hubiera gustado que dijera helicóptero del alma.*

Si estuviera en una tormenta, preferiría tener un helicóptero que un ancla. El ancla implica que me voy a quedar justo donde estoy. Pero, de hecho, me gustaría escapar. Me encantaría un helicóptero con algunos SEALS de la Marina bien entrenados a bordo que me pudieran elevar con su malacate y sacarme volando de mi realidad.

La gente cuando quiere seguir a Jesús cree que Él es un helicóptero. *No puedo esperar a seguir a Jesús* —piensan—, *porque es mi helicóptero celestial. ¡Sácame de aquí, Padre! ¡Elévame, Jesús! ¡Teletranspórtame, Scotty!*

Creo que acabo de insertar a Star Trek en la Trinidad. Una disculpa por eso.

La tormenta golpea, y decimos: "Jesús, no me quiero quedar aquí. Esto no me gusta para nada. Hay viento. Está lloviendo. Las olas son grandes. ¿Dónde está mi helicóptero celestial?".

Y Jesús responde: —Yo seré tu ancla.

Queremos salir de allí. Queremos un escape. Queremos que alguien nos remueva de la tormenta, pero Jesús quiere ser nuestra fuerza y estabilidad *en* la tormenta.

Los Evangelios registran un par de incidentes distintos que tuvieron que ver con Jesús, los discípulos y barcas atrapadas en tormentas. Uno de ellos se encuentra en Mateo 14. Jesús les dice a los discípulos que se suban a una barca y que crucen el mar de Galilea. No es tan impresionante como el estrecho Puget, pero todavía es un asunto difícil.

—¿Adónde vas? —preguntan.

—A escalar un monte. Y a orar. Nos vemos del otro lado.

—Espera, ¿cómo vas a llegar allá?

—No se preocupen. Adiós.

Así que comienzan a bogar y todo sale mal. Cae la noche, el viento está soplando tan fuerte que no pueden llegar a ninguna parte y las olas están comenzando a espantar incluso a estos pescadores experimentados. En este punto, ¿qué es lo que quieren?

Un helicóptero.

De hecho, estoy bastante seguro de que no pensaron exactamente eso, ya que esto sucedió un par de milenios antes de que la humanidad dilucidara cómo volar. Pero usted me entiende. Querían la salida. Querían estar del otro lado, pero al parecer no podían hacer ningún avance.

Entonces viene Jesús caminando para encontrarse con ellos. Este es el mismo Jesús que puede calmar el viento y las olas.

Pero no lo hace. En lugar de ello casi los mata del susto porque piensan que es un fantasma.

Jesús dice: —Todos, cálmense. Soy yo.

Una vez le pedí a Chelsea que se calmara, y casi terminaron siendo mis últimas palabras. Así que no puedo imaginar que la afirmación de Jesús haya sido particularmente consoladora para estos pobres hombres. Son como las tres de la mañana, están fríos y mojados y ahora Jesús les cae con los Cazafantasmas. Aparentemente tiene sentido del humor.

Pedro dice: —Si eres tú, manda que yo vaya a ti.

Piense en la lógica detrás de eso. Francamente, no hay ninguna. No tengo idea qué estaba pensando Pedro. Si no era Jesús, eso no iba a terminar bien.

Jesús le dice: —Ven.

La gente dice todo el tiempo que Pedro caminó sobre el agua. Eso no es completamente preciso. Caminó sobre las olas. Eso es llevar el asunto de caminar sobre el agua a otro nivel. Leo esto y pienso: *Jesús, ¿por qué las olas? Sería bastante impresionante si hubiera caminado sobre agua normal y lisa. ¿Por qué tenías que hacerlo todavía más difícil?*

Uno tiene que darle a Pedro su crédito. Da algunos pasos. Pero entonces ve el viento y las olas y comienza a hundirse. Me recuerda a esas caricaturas del Correcaminos que pasaban cuando era niño donde los personajes siempre se seguían corriendo más allá de los acantilados, pero no se caían realmente hasta que veían hacia abajo. Siempre quería gritarle a la pantalla: —¡No veas apara abajo! ¡Solo da la vuelta y regresa caminando lentamente!

Pedro mira hacia abajo. Comienza a hundirse. Jesús estira la mano y lo toma. Entonces tiene la osadía, el descaro y la audacia de reprender a Pedro: —Pedro, ¿por qué dudaste? ¿Por qué tan poca fe?

Si yo hubiera sido Pedro, hubiera estado como: —¿Perdón, por qué estoy dudando? ¿Estás hablando en serio en este momento, Jesús? Voy a dejar de dudar cuando apagues la máquina de viento.

¿Usted lee la Biblia así? ¿Con emociones reales y respuestas humanas normales? Algunas veces leemos estas historias y las hacemos tan pintorescas y renacentistas. Estoy seguro de que Pedro no se sentía como una figura beatífica en una pintura del medievo. Estaba frío, mojado, aterrado e intensamente humano. Y Jesús le dice: —¿Por qué dudaste?

Si somos honestos, todos hemos tenido momentos así. Leemos escrituras que nos alientan a confiar en Dios y suenan excelentes en el papel, pero cuando miramos a nuestro alrededor quedamos abrumados. *Te voy a decir exactamente por qué estoy dudando*—pensamos—. *¿Ya viste el viento? ¿Las olas? ¿Escuchaste el diagnóstico de mi médico? ¿Lees las noticias? ¿Cómo puedo no dudar? Me estoy hundiendo en este momento y no tengo idea de qué hacer.*

Jesús está diciendo algo con esta pregunta. Por cierto, *siempre* está diciendo algo cuando hace una pregunta. Las preguntas de Jesús son absolutamente retóricas. Son afirmaciones a hurtadillas diseñadas para ayudarnos a reflexionar y aprender.

Jesús no quiere que Pedro le haga una lista con las razones por las que entró en pánico: —Bueno, Jesús, ya que me lo preguntas, estas son las cuatro cosas que me están poniendo los cabellos de punta en este momento...

Eso no es lo que está diciendo. Le está recordando a Pedro: —Realmente no tienes razón para dudar, porque yo estoy aquí. Estoy contigo. Te estoy cuidando. Soy tu ancla y tu roca y tu Dios.

En medio de nuestras tormentas y olas, Dios nos hace la

misma pregunta. *¿Por qué dudaste?* No nos está preguntando eso para condenarnos o burlarse de nosotros, sino para recordarnos que realmente no tenemos razón para dudar. Jesús está con nosotros.

Antes de que se recrimine por no confiar en Dios en ocasiones, considere esto. El Jesús físico, tangible, visible estaba justo frente a Pedro, y Pedro todavía tuvo dificultades para mantener sus ojos en Jesús porque las olas eran demasiado grandes.

Nosotros no tenemos ese lujo. Jesús no está físicamente aquí. Cuando usted perdió su empleo, Jesús no apareció en su túnica y sus sandalias y su barba bien arreglada para decirle: —Dame eso, déjame ayudarte a empacar tu cajita de cartón.

No sucede así, ¿o sí? Se nos pide que confiemos en un Jesús que no podemos ver.

Pero ese es el asunto con las anclas. Un ancla hace su mejor trabajo cuando no se puede ver. El ancla se sumerge a través de las profundidades del mar hasta que se establece y se fija al suelo oceánico. Mientras tanto, de vuelta en la superficie, en el bote que es su alma, usted sigue siendo azotado por los elementos de la vida. Todo lo que usted puede ver en el momento son el viento y las olas. Pero debajo de la superficie, usted tiene un ancla.

Jesús nos pregunta a todos: —¿Por qué dudas? El ancla ha sido echada. La obra está terminada. Mi amor es por ti y para ti. Estoy cerca. Cuidaré de ti en esta vida y en la por venir.

Observe que Jesús le hace a Pedro esta pregunta mientras siguen flotando sobre las profundidades. Todavía no están en la barca. El viento y las olas son más grandes que nunca. Jesús no estaba siendo cruel con Pedro. Quería que pensara en su reacción. Pedro necesitaba darse cuenta de que Jesús es tan confiable en la tormenta como en la calma.

El paralelo con nuestra vida es claro. Es fácil tener fe cuando estás a salvo en la barca; cuando el viento se ha ido y las estrellas salieron. Pero, ¿podemos confiar en Jesús en medio de la tormenta? Porque es cuando más lo necesitamos.

Para concluir la historia, déjeme señalar algo más. El apóstol Juan registró esta misma historia, y mencionó un detalle interesante. Dice que cuando Jesús entró en la barca: "Llegó en seguida a la tierra adonde iban" (Juan 6:21).

Justo así es Jesús. En un momento uno está en una tormenta y está aterrado y confundido y solo. Pero entonces, de pronto, en alguna manera, uno está donde quiere estar. Pocas veces uno sabe cómo llegó allí. Hubo un tiempo, no hace mucho, cuando usted pensaba que no lo iba a lograr, que las tormentas y las olas iban a ganar. Pero se sostuvo, y Dios lo ayudó a superarlo.

La gente se acerca a uno y le dice: —¡Usted es un éxito instantáneo! Tiene tanta suerte. Todo simplemente le sale bien.

Y usted responde: —No tienen idea...

He notado que Dios con frecuencia nos lleva del punto A al B en una manera que es simultáneamente emocionante y angustiante. No porque quiera atormentarnos, sino porque quiere que caigamos en cuenta de que el punto no es realmente cruzar el lago; el punto es simplemente estar con Jesús. Es vivir nuestra vida desde un lugar de confianza y descanso que viene cuando verdaderamente lo conocemos.

¿Se sintió una poco abrumado en este momento? ¿Está a cuatro pulgadas o diez centímetros de ahogarse? ¿Está repeliendo sentimientos e ideas locas y extrañas? *Me voy a ir, voy a huir, voy a terminar con esto. No puedo seguir con esto.*

Conéctese nuevamente con la única seguridad verdadera en la vida, la única ancla verdadera: Jesús. No puedo prometerle que el viento cesará instantáneamente o que las olas se calmarán inmediatamente. Pero puedo prometerle que lo mantendrá a salvo en medio de la tormenta. Él es todo lo que usted necesita. Y cuando atraviese la tormenta, se encontrará en un lugar de estabilidad, de y fructificación que solo puede provenir de Él.

Sin importar lo que haga, no se rinda. Usted tiene una segura y firme ancla del alma, y Él se asegurará de que pase a salvo al otro lado.

cinco

¿ES EL AMOR DIOS O ES DIOS AMOR?

Fui reconvenido recientemente por mi hábito de usar exageradamente la palabra *amor*.

Seré el primero en admitir que esta persona estaba en lo cierto. Pero dudo que cambiaré, porque soy un romántico de corazón. Me encanta la palabra *amor*. Me encanta el concepto del amor. Me encanta amar y ser amado. Me encanta decirles a todos: —Te amo.

Y soy indiscriminado y expresivo en mis declaraciones de amor.

Realmente lo digo de corazón cuando le digo a la gente que la amo. El problema es que mi afecto y cariño también se extiende a los objetos inanimados. "Amo como me vestí hoy". "Amo ese color de pintura". "Qué cosa, amo SportsCenter". *Amor* es una palabra que simplemente me hace sentido.

Como sea, la persona que mencionó mi tendencia a usar demasiado la palabra *amor*, de hecho, me atrapó expresando mi amor perpetuo por mis hijos y al maíz tostado en la misma frase.

Sé que todos estamos en la carrera por la salud en este

momento, así que probablemente usted ha tratado de olvidar el maíz tostado. En esta época pagamos veintidós dólares por el almuerzo porque tiene col rizada, y lo pedimos con leche de almendras. Esa es la sociedad actualmente. Pero antes de que ordeñáramos a las almendras, había maíz tostado. Solía comer maíz tostado cuando estaba en primaria. El maíz tostado es maravilloso.

Muchas personas dejaron de comer maíz tostado porque lo pusieron en la misma categoría que el cereal endulzado, pero ese es un grave error. El maíz tostado era un alimento saludable antes de que estuviéramos conscientes de que deberíamos comer alimentos saludables. ¿Alguna vez ha leído los ingredientes? Maíz, aceite, sal. Es un antojo saludable. Así que últimamente he estado obsesionado con el maíz tostado. Puedo ir a la tienda de comestibles y comprarme cinco bolsas grandes de maíz tostado. El maíz tostado no solo es delicioso y saludable, sino que tiene un sabor consistente; cada grano de maíz es tan salado y crujiente y satisfactorio como el último. ¿Cómo no podría amar el maíz tostado?

Creo que la frase iba más o menos así: —Qué barbaridad, amo a mis hijos porque simplemente son los mejores, y, escucha, últimamente no puedo comer suficiente maíz tostado, porque verdaderamente lo amo. Tan crujiente y salado y siempre asombroso. Me había olvidado del maíz tostado. ¿Lo has probado recientemente?

Mi amigo me dijo: —¿Estás hablando en serio?

—Sí, es saladito y crujiente…

—No, no. Quiero decir que acabas de decir que amas a tus hijos y que amas el maíz tostado en la misma frase. Tienes un problema.

Quería golpearlo. Pero tenía razón.

Hace dieciocho años Chelsea y yo estábamos en nuestra

segunda cita. Estábamos en un restaurante de cocina casual. Hice una reservación porque los viernes por la noche mucha gente va a ese lugar. Habíamos pedido algo de la exquisita cocina del lugar, como alitas de pollo o algo así.

Me había dicho a mí mismo que no le iba a decir a Chelsea: "Te amo", hasta que supiera que íbamos a casarnos. Nos habíamos conocido toda nuestra vida, y cuando estábamos en la escuela media le decía que la amaba todo el tiempo. Estaba tratando de volver a empezar y recuperar mi inocencia, así que me comprometí conmigo mismo que no le iba a decir que la amaba hasta que las cosas fueran mucho más serias.

Pero ese restaurante siempre gana. La atmósfera es irresistible. Allí estábamos al segundo día de estar saliendo, me recargué en mi asiento después de comer y suspiré sin realmente pensarlo: —Qué impresión, te amo.

Ella respondió algo como: —¿Perdón?

Yo tartamudeé: —¡No, no! ¡Nada!

—¿Qué, no me amas?

—No, quiero decir, solo olvida que dije algo.

Seis meses después, estábamos en la boda de mi hermana. Estábamos en el cortejo, así que íbamos caminando por el pasillo juntos. Era tan romántico que decidí que era el momento de finalmente declararle mis sentimientos. Me volteé y le susurré dramáticamente al oído: —Chelsea, te amo.

No perdió un solo paso mientras me susurraba de regreso: —Ya me habías dicho eso en el restaurante.

Sin embargo, no soy el único que usa demasiado la palabra amor. Es un hábito común en nuestra sociedad y cultura actual. Estamos obsesionados con el amor. La vida, al parecer, de lo único que se trata es el amor. Nos encantan las películas románticas y cenas a la luz de las velas. Decimos que amamos los aromas, amamos los coches, amamos el dentífrico, amamos los zapatos, amamos los sentimientos, amamos las flores frescas. Nuestras almas ansían y buscan y anhelan *amar*. Probablemente esa sea la razón por la que la definición de amor se haya perdido un poco en medio de todo eso. El amor podría ser la mayor necesidad del alma humana, pero si somos sinceros, no estamos completamente seguros de lo que es. ¿Es química? ¿Emoción? ¿Compromiso? ¿Autosacrificio? ¿Lujuria? ¿Pasión? ¿Instinto? ¿Una decisión? ¿Una filosofía? ¿Un mito?

En caso de que se lo esté preguntando, no voy a resolver milenios de ponderaciones filosóficas y poéticas en este capítulo. Pero quiero considerar lo que creo es la clave para entender y experimentar amor.

¿DIOS ES AMOR?

Esa clave, en resumen, es el entendimiento de que Dios es amor. Es conocer, creer y vivir en el amor de Dios. Es experimentar el amor de Dios por nosotros al nivel del alma, y como resultado es aprender a amar como Él ama. El apóstol Juan escribió:

> Amados, amémonos unos a otros; porque el amor es de Dios. Todo aquel que ama, es nacido de Dios, y conoce a Dios. El que no ama, no ha conocido a Dios; porque Dios es amor. En esto se mostró el amor de Dios para con nosotros, en que Dios envió a su Hijo unigénito al mundo, para que vivamos por él (1 Juan 4:7–9).

Dios es amor, y Dios diseñó nuestra alma para florecer dentro del contexto del amor auténtico. Al igual que nuestra necesidad de esperanza y nuestra necesidad de estabilidad, que consideramos en los capítulos anteriores, el amor es un deseo fundamental de nuestra alma. Naturalmente buscamos ser amados y amar. Nuestra alma encuentra seguridad y felicidad e identidad en este concepto llamado amor. Y aunque eso luce distinto para diferentes personas, finalmente nuestra alma no puede estar en casa sin amor.

Dios es el amante original. Él es la perfecta, consistente y total personificación del amor. Él define el amor y es la fuente del amor. Él es quien creó el concepto del amor y quien nos presentó el amor. El amor y Dios tienen el propósito de ir juntos.

El problema es que las personas que claman conocer a Dios no siempre han sido la mayor representación del amor de Dios por la humanidad. Algunas personas que dicen que representan a Dios o actúan en el nombre de Jesús han hecho cosas terribles y deplorables. Y tampoco está todo en el pasado. Nuestro mundo está siendo sacudido en este momento por las atrocidades cometidas en nombre de Dios y la religión.

En un nivel menos violento, pero más difundido, muchas personas que dicen que Dios es amor también expresan libremente su juicio y crítica hacia los que no están de acuerdo con ellos o que no viven conforme a sus estándares. Y aunque algunas de sus acusaciones y represiones podrían tener una base de verdad, su modo es percibido como lleno de odio y con frecuencia hipócrita.

En parte como resultado de estas malas representaciones del amor de Dios, muchas personas prefieren desasociar el amor humano del amor divino. Tiene sentido si lo piensa. Así que más bien que decir que Dios es amor, dice la lógica, removamos los elementos divinos, abusivos, crueles, rígidos, exclusivos, condenatorios del amor, y hagamos del *amor* Dios. "El amor es Dios, hermano. Solo amémonos unos a otros".

Inicialmente, es increíblemente atractivo decir que el amor es Dios: hacer que la vida se trate del amor, poner nuestra esperanza en el amor y elevar el amor sobre todo lo demás. Si todos simplemente se amaran, imagínese como sería este planeta. Suena asombroso. El amor conquistaría el odio y la violencia y la guerra. El amor satisfaría las necesidades de los pobres y ayudaría a los afectados por tragedias. Regularía la injusticia y compartiría los recursos del mundo con todos. El amor debería de funcionar... ¿no?

Excepto que no lo ha hecho. A pesar de la fijación de nuestro mundo con el amor; a pesar del movimiento por la paz y el movimiento por los derechos civiles; a pesar de miles de poemas, canciones, películas, libros y discursos acerca del amor, todavía nos encontramos rodeados por una cantidad desmedida de odio.

¿Por qué no funciona una filosofía que dice que "el amor es Dios"? Porque inherentemente es una filosofía desconectada. Es un ideal que se define a sí mismo consigo mismo. ¿Qué es el amor? Nadie sabe, porque no hay un estándar o definición de amor.

Así que ejemplifiquemos esta lógica. Imagínese una conversación con un amigo que esté comprometido con esta filosofía.

Usted pregunta: —¿Quién es Dios?

Y su amigo ficticio responde: —El amor es Dios.

—Entonces, ¿quién está a cargo?

—El amor.

—Muy bien, y ¿quién define al amor?

Y él dice: —Bueno, el amor se define a sí mismo.

Usted responde: —Mmm, no; no es así. El amor no es una entidad inteligente. No puede hacer eso.

—Bueno, no lo sé, simplemente creo que el amor es...

—Espera, ¿tú crees? ¿Estás definiendo el amor? ¿Eso te convierte en Dios?

—No lo sé. Es raro que lo digas así.

—Bueno, tú estás definiendo al amor. Eso te pone a cargo.

—Bueno, no yo; sino como mis amigos...

—Muy bien, entonces, ¿tú y tus amigos son Dios?

Seguramente le encantan las conversaciones imaginarias, ¿verdad? Todas las veces gana la discusión.

Este es el problema. Si el amor es Dios, pero todos inventamos nuestra propia definición del amor, entonces finalmente todos somos Dios. Pero cuando usted reemplaza a una persona con un concepto, quien sea que defina ese concepto tiene la autoridad máxima.

Si usted dice que el estándar final que gobierna y define el universo es amor, como que hace surgir toda la cuestión de "¿qué es el amor?". El amor no puede tomar decisiones, así que los seres humanos como usted y como yo terminamos haciendo lo mejor que podemos para entender y poner por obra lo que se supone que es el amor. Según nosotros, por cierto.

¿Confundido? Ese es mi punto. Un universo gobernado por lexicógrafos autoasignados de la palabra amor sería un caos. Todos amando por medio de su propia definición sería puro pandemonio.

Cuando usted le remueve el amor divino al amor humano, termina con anarquía. No es buena idea ser parte de una economía en la que el amor es Dios. Usted no querrá formar parte de un sistema educativo en el que el amor sea Dios. Usted no querrá hacer una escapada de fin de semana a un lugar en el que el amor sea Dios. El amor sin Dios produce una sociedad abstracta en la que todos son su propio dios, y viven por sus propios impulsos y sus propios sentimientos: —Esto es amor para mí, así que voy a hacerlo.

Y sus hijos o sus cónyuges o vecinos responden: —Esto no es amor, es abuso. Esto es horrible. Es malvado.

—No, esto es amor. Esto está bien. Tienen que dejarme hacer esto, porque es lo que yo pienso que el amor me está pidiendo que haga.

¿El amor es Dios? Suena atrayente, pero finalmente lo deja fuera de lugar y perdido porque lo primordial permanece sin ser definido.

Lo que le estoy presentando es un llamado para una mejor vida, una mejor sociedad y una mejor cultura. Es mejor para nosotros que el amor sea definido por un ser divino definitivo. Esto genera mejores matrimonios, mejores familias, mejores empleos, mejor paga.

Dios quiere que florezcamos. Quiere que disfrutemos nuestra vida; y quiere que los que están a nuestro alrededor disfruten la suya. Por eso es imperativo que no solo comprendamos lo primordial que es el amor, sino que también lo definamos en una manera saludable inspirada por Dios.

Dios es amor. Dios inventó el amor. Así que Dios es quien define el amor. Y a medida que aprendemos a vivir en su amor, nuestra alma se encuentra en casa, en reposo y en paz.

Si el amor según Dios es primordial para nuestra alma, ¿cómo es ese amor? Para responder esa pregunta, consideremos uno de los más grandes tratados alguna vez escritos sobre el tema del amor divino: 1 Corintios 13. Estos son los versículos 4-7.

> El amor es sufrido, es benigno; el amor no tiene envidia, el amor no es jactancioso, no se envanece; no hace nada indebido, no busca lo suyo, no se irrita, no guarda rencor; no se goza de la injusticia,

mas se goza de la verdad. Todo lo sufre, todo lo cree, todo lo espera, todo lo soporta.

Pablo le estaba escribiendo a la iglesia de Corinto. En caso de que nunca haya escuchado acerca de Corinto, era una ciudad antigua en Grecia que era básicamente una combinación entre Amsterdam, Las Vegas y Hollywood, solo que más alocada. Era una ciudad altamente sexualizada, una ciudad en la que el amor era Dios y la sensualidad era casi deificada.

Mientras tanto, un grupo de comprometidos seguidores de Jesús estaba tratando de desarrollar una comunidad y una iglesia en medio de esta crisis de amor en Corinto. Pablo les escribió a estos creyentes para decirles que el amor no es una cualidad abstracta indefinida. El amor no es un sentimiento. El amor no es anarquía sexual. Pablo les recordó que el amor ha sido mostrado por la vida, muerte, sepultura y resurrección de su Señor y Salvador, Jesús.

El amor es un estilo de vida. El amor es práctico. El amor es algo que usted vive y camina y habla. El amor no solo es material para buenos sermones; el amor es material para una buena vida.

Vale la pena señalar que este capítulo se encuentra en una carta conocida no por sentimentalismos, sino más bien por represiones rotundas. Pablo le escribió 1 Corintios a la iglesia de Corinto para corregir varios abusos de los que había escuchado. Justo en medio de sus correcciones y disciplina, se tomó el tiempo de recordarle a los corintios acerca de la naturaleza del amor verdadero.

¿Por qué? Porque el amor realmente cambia las cosas. Woodstock no se equivocó con eso. Pero el único tipo de amor que puede generar el cambio que necesitamos es el amor de Dios; un amor motivado, empoderado y definido por Dios.

Dios inspiró a Pablo a escribir estas palabras porque muchos de los abusos y malos entendidos que abundaban en la iglesia de Corinto se resolverían solos si la gente pudiera aprender a vivir en el amor de Dios.

Aquí está el versículo 7 nuevamente: "Todo lo sufre, todo lo cree, todo lo espera, todo lo soporta". Observe el énfasis aquí: todo. En otras palabras, no hay excepciones. No hay escotillas, puertas traseras o válvulas de escape del amor. Si vamos a amarnos verdaderamente unos a otros como Dios nos ama y como Él nos creó para que nos amáramos, entonces tenemos que estar comprometidos.

Es fácil amar a los que lo aman. Eso fue lo que Jesús les dijo a sus discípulos en su famoso Sermón del Monte (Mateo 5:43–47). Pero se requiere amor divino, amor sobrenatural, para amar a los que no nos aman de vuelta. No obstante, es el único tipo de amor que cambiará al mundo. Y es el único tipo de amor que traerá satisfacción duradera y salud a nuestra alma.

Pablo dice que *todo* el tiempo y en *cada* situación, el amor hace estas cuatro cosas: sufre, cree, espera y soporta. Esa es la explicación y la definición del amor que nos da 1 Corintios 13:7. Consideremos brevemente cada una de estas cuatro características.

TECHOS SIN CLARABOYAS

El primer término es *sufre*. Esta carta se escribió originalmente en griego, y el término que se traduce como sufre se relaciona con la palabra griega para techo.[1] El término significa literalmente "techar". Figuradamente, da la idea de cubrir o de mantener algo confidencial; también puede significar soportar algo pacientemente.

Pablo les estaba diciendo a los creyentes corintios que el amor es un techo y una cubierta. El amor protege, escuda y oculta las debilidades de otros. El apóstol Pedro escribió: "Y ante todo, tened entre vosotros ferviente amor; porque el amor cubrirá multitud de pecados" (1 Pedro 4:8). Esto no significa que ignoremos el pecado; significa que no usemos las fallas y fracasos de los demás para exponerlos o avergonzarlos. Los cubrimos públicamente, y en privado los restauramos con la meta de traer salud a su vida.

Algunas personas son techos, pero tienen cantidad de claraboyas. Probablemente usted haya conocido personas así, o quizá lo haya hecho usted mismo. Yo definitivamente lo he hecho. Las personas con claraboyas dicen cosas como: —Sí, la familia Jones, son excelentes. Son maravillosos. Pero su hija Julie, ya saben, también la amamos, pero tiene un par de problemitas. Estamos orando por ella. Fue en ese día de campo del Cuatro de Julio. ¿No supieron? Estaba como fuera de control. No quiero ser chismoso, pero ella dijo esto e hizo esto otro. Pero la amamos y oramos por ella. Ah sí, y hubo esa otra ocasión cuando...

Estos cristianos claraboya tienen buen corazón, pero exponen a los demás, no los cubren. Abren claraboyas en cada conversación porque de alguna manera el hecho de tener una primicia los hace sentir mejor acerca de sí mismos.

No obstante, no tenemos que hacer eso. Podemos estar tan seguros en el amor de Dios y en nuestra identidad que no tenemos que darle atisbos a los demás en los asuntos de otras personas. Podemos ser un lugar seguro para las personas que sufren, un lugar en el que puedan encontrar amor incondicional y apoyo—tanto público como privado—mientras se vuelven a levantar.

Es interesante. Nosotros mismos queremos poder tener

algunas claraboyas, pero queremos casarnos con alguien que sea un techo sólido. Queremos hijos que sean techos sólidos. Queremos mejores amigos que sean techos sólidos.

La Biblia dice aquí que el amor todo lo sufre. Cubre protege y mantiene como confidencial todo lo que se le confía. De nuevo, no estamos hablando de guardar secretos aquí. Hay un tiempo y un lugar para llevar ciertas cosas con autoridades más altas o llamar la atención a los problemas que están generando peligro. Más bien, estamos hablando acerca de escudar a los que confían en nosotros del tipo de escrutinio y ridículo público que solamente los dañaría. Estamos hablando acerca de creer en las personas tanto que las ayudemos a sufrir sus fracasos y cubrir sus debilidades hasta que puedan ser sanadas.

Todos nosotros somos obras en progreso. Todos nosotros tenemos algunas faltas y fracasos. Y todos nosotros en cierto punto hemos tenido—o hubiéramos deseado tener—personas en nuestra vida que fueran techos sólidos. Podemos ser esa persona para alguien más en nuestra vida. Eso es lo que el amor hace.

NO TENÍA ESA INTENCIÓN

La segunda palabra es *cree*. El amor todo lo cree. En otras palabras, el amor busca lo mejor. Eso no significa que no vea lo peor; significa que incluso en medio del peor tiempo de la vida de una persona, usted recuerda lo mejor, celebra lo mejor, le recuerda a esa persona lo mejor y cree lo mejor.

Esta definición, "el amor todo lo cree", se puede resumir en una frase que debería insertar en su vocabulario y conversación diariamente: "Él (o ella) no tenía esa intención".

El lunes por la mañana cuando su compañera de trabajo lo ponga en mal delante de su jefe, necesita activar "el amor todo lo cree". *Ella no tenía esa intención. Sé que parecía como si tuviera esa intención, y sonó como si tuviera esa intención, y todos los demás creen que tuvo esa intención. Pero yo escojo creer lo mejor. Ella solo estaba tratando de ser graciosa. No estaba pensando en lo que estaba haciendo. Tuvo una mañana difícil. Todavía no se había tomado su café. Seguro está enfrentando algo difícil en casa. Probablemente, ya lamenta lo que dijo.*

Significa que usted decide creer que lo que sea que haya sucedido realmente no era lo que la persona tenía intención de hacer o decir. *Sé que me golpeó en la cara. Sé que pateó a mi perro. Pero él ama a los perros. Y apuesto que lo lamenta en este momento.*

¿Alguna vez ha conocido a alguien así? Es suficiente para hacerlo enloquecer. Usted sabe que la persona está siendo manipulada. Usted sabe que a él o a ella simplemente les lavaron el cerebro. ¿Y cómo responde la persona?—No fue su intención. *¡Por su puesto que fue su intención!*—piensa usted—. *¡Saca la cabeza de la arena!* Usted se quiere involucrar y pelear por los derechos de esa persona.

¿De dónde proviene el deseo de defendernos y justificarnos y protegernos? En realidad, es una falta de consciencia de Dios. ¿Es Dios, Dios o no? ¿Confiamos en Él para cuidar de nosotros o no?

Finalmente escogemos dejar a Dios ser Dios, o nos encargamos de vengar cada ofensa y defender cada injusticia. Sin embargo, eso último es imposible, solo para su información. Si no somos capaces de discernir las motivaciones de nuestro *propio* corazón la mitad del tiempo, mucho menos las de los demás. Y ciertamente, no podemos esperar que ejercer nuestra idea de venganza vaya a resolver las cosas en alguna manera. No funciona así. La venganza solo promueve más venganza. Es por eso que *Kill Bill: La venganza y La gran estafa* y muchas otras películas de venganza tienen secuelas. De hecho, la razón principal es que les hace ganar mucho dinero a los estudios, pero creo que entiende mi punto.

Algunos de nosotros somos los guardianes autoasignados de nuestros derechos, privilegios, dignidad y orgullo. Creemos que, si nos pasan por encima, se aprovechan de nosotros, de alguna manera perdemos algo. Pero en realidad, son las personas que viven defendiéndose de quienes perciben que los están atacando y agrediéndolos, quienes pierden más.

Piénselo. ¿Quién es principalmente afectado si usted pasa sus días suponiendo lo peor?

Sí, esa compañera de trabajo tenía la intención de lastimarme con ese comentario. Mi esposa es tan manipuladora. Ese vecino siempre es cruel y taimado y subversivo.

¿Adivine qué? A esas personas no les va a molestar su amargura. Pero a usted sí.

Usted pasará la vida en un patrón de espera, recordando la situación de todos los ángulos, tratando de dilucidar cómo obtener la ventaja, cómo recuperar su orgullo, cómo probar su punto. E irónicamente, las situaciones por las que se está obsesionando ya se fueron hace tiempo. Usted nunca avanzará si está volando en círculos. Nunca va a superar algo hasta que lo deje ir.

La mejor manera de dejar ir algo es decidir de inmediato y de corazón no dejarse ofender en primer lugar. "No tenía esa intención". Y continúa con su vida. Usted le da a la gente el beneficio de la duda, incluso cuando hay muy poco de qué dudar. Usted sabe que era su intención, pero decide creer lo mejor, creer que se lamentan por ello, creer que no era lo que querían para su vida, creer que lo hicieron por ignorancia o prisa o dolor, pero que realmente no son este tipo de personas.

Si usted hace eso, su alma será libre. Su helado sabrá mejor. Su col rizada tendrá algo de sabor. Tendrá un nuevo vigor en sus pasos y una chispa en su mirada porque no está controlado por las ofensas de los demás.

¿Puede imaginarse cómo lucirían nuestras familias y matrimonios si incluyéramos esta frase en nuestro dialecto diario? ¿Cómo luciría la iglesia? ¿Cómo lucirían las naciones y los políticos y los medios de comunicación y las juntas vecinales y toda otra relación de la sociedad?

Créalo todo, porque eso es lo que hace el amor.

FUERA DE LAS VÍAS

Dos definiciones listas, nos quedan dos más. Déjeme advertirle, esto no se va a poner más fácil. El amor real—el auténtico amor divino—no siempre es fácil. Especialmente, como dijimos anteriormente, porque así es como funciona el amor todo el tiempo. Sin excepciones, sin exenciones y sin acuerdos previos en caso de separación.

El versículo continúa: "Todo lo sufre, todo lo cree, todo lo espera…". Quiero considerar ahora la palabra *espera*.

¿Qué significa que el amor todo lo espera? Significa que el amor se aferra al desarrollo potencial. El amor reconoce que donde estamos no es donde siempre estaremos. Estamos en una travesía. Somos obras en progreso.

Cuando usted ve a un amigo que está batallando, ¿toma una instantánea de cómo es ahora, le pone un pie de foto, y la archiva como su definición de él para el resto de su vida? ¿Lo etiqueta y lo limita? Porque Dios no. Y Dios tampoco lo etiqueta o lo limita a usted o a mí. Su amigo es una obra en progreso. Dios lo tiene en una travesía. Mejor tome un video de él, porque las cosas van a cambiar. Dentro de dos años hay una buena probabilidad de que estará mejor que usted en algunos aspectos, y en ese punto usted estará contento de haber permanecido humilde ahora.

Para que el amor sea amor, no puede funcionar solamente cuando la gente está pulida y es cortés y agradable generalmente. El amor tiene que funcionar con las personas en bruto, con personas que son cualquier cosa excepto amables, por lo menos en la superficie. El amor tiene que ser capaz de decir: —Sé que estás en una travesía, pero te amo justo donde te encuentras. Tarde o temprano vas a avanzar; pero mientras tanto, te amo y estoy comprometido contigo.

El amor necesita esperanza, porque todos tenemos un gran trecho por recorrer. Cuando decimos: "Usted se encuentra en una travesía", lo que realmente estamos diciendo es: —Usted es muy parecido a un tren descarrilado. Esta fuera de las vías en este momento, y de hecho ni siquiera puede encontrar las vías, pero Dios va a poner su locomotora de vuelta en los rieles y a ponerlo a avanzar realmente pronto.

Pregúntese: ¿no está contento de que alguien haya creído en usted en el pasado? ¿No está contento de que alguien lo encontró descarrilado y lo ayudó a volver al camino?

El amor todo lo espera. Esto podría salvar su matrimonio, su familia y sus amistades. Solamente siga teniendo esperanza y creyendo y soportando. Tarde o temprano el amor ganará.

MAYOR QUE ESO

Finalmente, el amor *soporta*. Soportar significa que no va a vengarse o a rechazar: —Estoy harto de ti. Cruzaste la línea, y me voy.

Pablo estaba diciendo que el amor no hace eso. El amor no descarta a la gente. No le hace a la gente la ley del hielo.

No ataca en una manera pasiva agresiva a otras personas. No mantiene una lista mental de ofensas hasta que finalmente explota.

El amor es mayor que eso.

La Biblia no está diciendo que ignoremos el pecado o la herida o el dolor. No está diciendo que nunca confrontemos. Hay espacio aquí para la comunicación, confrontación y restauración. Pero incluso cuando confrontamos, lo hacemos con una actitud y una expectativa de que nuestro amor no va a ser retirado sin importar lo que suceda.

El amor será probado. La vida no es perfecta y tampoco nosotros. Sin importar lo fuertes que sean los vínculos o cuán apasionados los compromisos, las personas que amamos nos decepcionarán en ocasiones. Probablemente no sea su intención, pero lo harán. Y algunas veces las decepciones se sienten intensamente personales.

En momentos como estos, el amor de Dios es la única fuerza lo suficientemente fuerte para soportar todas las cosas. Tarde o temprano, las buenas intenciones se agotan. La autodisciplina falla. Las obligaciones morales y la preparación académica y los buenos modales se quedan cortos. Pero si somos motivados y saturados con el amor de Dios, no hay límite a lo que podamos soportar. No hay un punto de quiebre, porque sin importar lo que suceda, el amor de Dios es más grande.

Jesús nunca llegó a un punto de quiebre. Nunca dijo: —Ya me has lastimado demasiadas veces. Seguiré relacionándome contigo porque tengo que hacerlo, pero ya no te voy a permitir entrar emocionalmente. Te he pintado la raya.

Con sus últimos alientos en la cruz, Jesús le pidió a Dios que perdonara a los que lo estaban ejecutando. Eso es lo máximo del amor que soporta. Jesús no solo estaba tratando de ser un buen ejemplo: *Los odio a todos, pero solo para parecer espiritual, voy a decir que los perdono.* No, su oración revela la esencia de quién es él: la personificación del amor y perdón incondicional de Dios.

La gracia no tiene brechas y no conoce límites. El amor todo lo soporta.

AME COMO JESÚS

¿Dónde nos inscribimos a este estilo de vida de amor? ¿Un amor que todo lo sufre, todo lo cree, todo lo espera, todo lo soporta?

Primero que nada, permítame decirle que no se inscribe por medio de enfocarse en el amor o por esforzarse más duro. El esfuerzo propio es noble y admirable, y lo va a ayudar a tener la victoria en algunas cosas; pero un amor nacido de uno mismo nunca será suficiente para todas las cosas. Necesitamos un amor que trascienda la habilidad y la experiencia humanas.

Nos inscribimos para el tipo de amor divino por medio de enfocarnos en la personificación y definición del amor: Jesús. Consideramos 1 Juan 4:9 anteriormente en este capítulo. Dice que Dios hizo su amor manifiesto en Jesús. Si Dios es amor, y Dios manifestó su amor por medio de Jesús, entonces la respuesta a nuestra necesidad de amor es Jesús. Es buscar a Jesús, pasar tiempo con Jesús, aprender de Jesús y ser amado por Jesús.

El otro día me molesté con uno de mis hijos. Estábamos en el coche, e hizo algo que le había dicho por lo menos cinco veces que no hiciera. No lo manejé bien, para nada.

Fue uno de esos momentos en los que uno está tan cansado de realmente disciplinar a sus hijos que simplemente los amenaza: "Si haces eso una vez más...". Y lo dice una y otra vez, incrementando la emoción y el volumen cada vez. Y cuando finalmente no lo puede soportar más usted se convierte en el monstruo verde. No está bien, por supuesto. La regla es que, si usted se encuentra perdiendo la paciencia con sus hijos, suele ser porque tenía que haberlos disciplinado antes en el proceso. Dese un tiempo fuera y regrese cuando vuelva a ser el adulto nuevamente.

Pero no hice eso. Exploté. Me bajé del coche hecho una furia, caminé a la parte posterior, abrir la portezuela y le dije iracundo: —Bájate. Ya. Del. Coche.

Chilló: —No puedo, mi sandalia.

Así que tomé la sandalia y la tiré al piso. No tiré a mi hijo, que quede claro, solo su sandalia. Ahora está rota para siempre. Estaba tan enojado en este punto. Dimos un paseo por la acera, y yo iba diez pasos adelante de él. Estaba tratando de no comerme a mi cría.

Unos minutos más tarde, después de que me calmé, estaba avergonzado y frustrado por mi comportamiento. Sabía en mi corazón que Jesús habría manejado la situación en una forma distinta. Mi esposa me informó que tenía un problema. Algo como: —Eres increíblemente guapo, pero estás fuera de control.

Probablemente inventé la primera mitad de eso.

Así que les envié un mensaje de texto a mis primos pidiendo auxilio. Tienen el mismo ADN que yo, y yo en secreto esperaba que tuvieran el mismo problema con su genio, porque entonces no me sentiría tan avergonzado. Pero, por supuesto, ambos se controlan increíblemente bien a sí mismos.

Mientras estábamos enviándonos mensajes de texto, mencioné: —No me puedo imaginar a Jesús haciendo esto.

Probablemente, yo habría aventado al piso un par de veces la sandalia de Pedro. Pero Jesús no hubiera tratado a sus hijos en esta manera. Jesús sabía cómo amar a todos, todo el tiempo, sin importar qué.

Esa fue una revelación para mí. Conclusión: quiero ser más como Jesús. Quiero lucir como Jesús, vivir como Jesús y amar como Jesús. Estoy cansado de amar a mi manera y en mis propias fuerzas. Quiero más de Jesús para que pueda amar en la manera en que Él ama.

Estoy a un largo camino de 1 Corintios 13:7. Pero mi deseo y mi oración es que mi alma encuentre su refugio y definición y propósito en el amor de Dios. Quiero conocer tan bien a este Dios de amor y caminar con Él tan de cerca que su amor se vuelva parte del tejido de mi alma.

Si usted encontrara una comunidad y una iglesia compuesta de personas así, una iglesia que no solo predicara el amor y luego vivieran como osos gruñones durante la semana, sino una iglesia que estuviera comprometida con vivir y amar como Jesús, ¿no sería usted parte de ella? Si usted encontrara un vecindario como 1 Corintios 13:7, ¿no le gustaría mudarse allí por el resto de su vida? Si usted encontrara un cónyuge así, ¿no sería esa la persona con la que le gustaría pasar su vida? ¿No es ese el tipo de padre que le gustaría ser y el tipo de hijos que le gustaría criar?

Si es así, entonces seamos esas personas.

seis

UN ALMA ACALLADA

¿Tiene a alguien realmente ruidoso en su vida? No me refiero a alguien que solo pueda generar volumen ocasionalmente; me refiero a una persona que siempre esté a un alto volumen. Chelsea tiene que lidiar con esto todos los días de su vida porque soy una persona ruidosa. No obstante, creo que nuestros hijos lo han llevado a un nivel completamente nuevo. Hablan fuerte, se ríen en alta voz, se molestan entre sí haciendo ruido y juegan ruidosamente. Sin embargo, Chelsea no fue criada en una familia ruidosa, ni tiene en su naturaleza ser ruidosa, así que ha tenido que desarrollar un alto volumen en el interés de la defensa propia. En nuestra familia, es la supervivencia del que habla más fuerte. Algunas veces me pregunto si debería sentirme mal, porque dondequiera que vamos, somos muy ruidosos. Pero la vida es mejor a todo volumen. Es un hecho.

Tengo un par de amigos que son más ruidosos que yo. De hecho, son dos de mis personas favoritas del mundo: el pastor Jude Fouquier, mi pastor desde los ocho años de edad, y Chad Veach, quien recientemente inició una iglesia en Los Ángeles. Cuando estoy en una conversación y llego a notar que ya sea el pastor Jude o Chad se aproximan, automáticamente me precipito a terminar lo que estoy diciendo, porque sé que ellos van a tomar la conversación tan pronto lleguen donde estoy. No tienen la intención de hacerlo, simplemente es que su expresión y su nivel en decibeles es un poco abrumador para los humanoides promedio. *Ellos son de alto volumen*, y los amo por ello.

Las personas que hablan verdaderamente fuerte no pueden susurrar. Probablemente, usted haya notado esto. Las personas que hablan verdaderamente fuerte susurran-gritan. No hay un cambio en el volumen cuando susurran; solo hablan con más aire. Usted puede estar en medio de un funeral, y ellos se inclinan hacia usted y le susurran: —¿Qué pasó, amigo, cómo estás?

E incluso el ministro voltea a ver, porque su voz casi resucita al muerto.

Esto es particularmente cierto del *pastor* Jude. Todos lo llaman "pastor Jude", por cierto. No Jude, ni Sr. Fouquier, sino pastor Jude. Probablemente así dice en su pasaporte. Creo que incluso su esposa le dice pastor Jude.

El pastor Jude no puede susurrar. Usa más aire, pero no susurra. Este es uno de sus desafíos en la vida. Si estamos en una reunión juntos y trata de discretamente susurrarme una respuesta, toda la sala escucha su respuesta. Así que ahora le escribo mensajes de texto, incluso si está justo a mi lado.

Un mes antes de que Chelsea y yo nos casáramos, el pastor Jude y yo estábamos en un vuelo directo de seis horas de Seattle a Nueva York. Íbamos a hablar juntos en un congreso de jóvenes, así que tomamos el mismo vuelo.

Chelsea y yo éramos ambos vírgenes cuando nos casamos. No es que usted tuviera la curiosidad de saber eso, pero es parte de la historia. Esto fue en parte así por nuestro compromiso con Dios y con la pureza y el uno con el otro, y en parte también porque mi mamá me hubiera matado si hubiéramos hecho cualquier cosa antes de casarnos.

Como sea, en preparación para la noche de bodas, alguien me recomendó que leyera un libro llamado *Una celebración del sexo*. No leo mucho—lo cual es algo extraño que un autor reconozca—pero leí ese libro de tapa a tapa. Es una guía al sexo y al matrimonio y a la plenitud sexual. Habla en detalle sobre cómo hacer que el sexo sea excelente y emocionante, e incluso habla sobre la primera noche.

El pastor Jude sabía eso. Y decidió que era tiempo de tener "la conversación".

Creo que estábamos en la fila 38 de Delta Airlines. No teníamos ningún estatus especial; no había mejoras de servicio en nuestro futuro. Así que fuimos relegados a la fila 38. El problema era que el avión estaba completamente lleno. El pastor Jude estaba en el asiento del pasillo, yo estaba en el asiento del medio y había una pobre alma atorada en el 38A.

Nos sentamos y nos pusimos el cinturón de seguridad. No habíamos siquiera despegado cuando el pastor Jude se volteó y me susurró-gritó: —Oye, Judah, ¿ya leíste el libro sobre sexo?

Yo estaba como: —¿Pastor Jude, está hablando en serio? ¿Estamos haciendo esto en este momento?

Volteé a mirar al hombre del 38A con el rabillo del ojo, y pude ver que se estaba preguntando si había escuchado lo que había escuchado.

Pero el pastor Jude no estaba consciente de ello, así que continuó impertérrito y sin censura: —Entonces, ¿qué te pareció? Si tienes alguna pregunta, solo hazla.

Yo no tenía preguntas, o por lo menos no una que quisiera anunciarle a un avión lleno de extraños.

Así que el pastor Jude hizo todas las preguntas: —Bueno,

¿cuáles son tus planes para la primera noche? Te recomiendo que comiences con una ducha. Eso ayuda.

Yo estaba como: —¡Pastor Jude, *no siga!*

Él dijo: —Qué barbaridad, ¿crees que la gente me pueda escuchar?

Yo siseé: —¡Hasta el piloto puede escucharlo!

No estoy mintiendo; durante seis horas seguidas, el pastor Jude me gritó sus consejos favoritos en un tono susurrante. Esto realmente sucedió. Uno no puede inventar estas cosas. Si alguna vez ha volado de Seattle a Nueva York sabe que es un vuelo largo. Pero es mucho más largo si uno está sentado junto al pastor Jude un mes antes de casarse.

Durante todo el vuelo no pude voltear a ver el rostro humano que estaba hombro con hombro a mi lado. No podía imaginar lo que habrá experimentado el 38A. Cuando finalmente llegamos a Nueva York, el pobre hombre estaba sudando profusamente. Durante seis horas no se había movido. No había ido al baño. Había quedado atrapado. Esa alma incauta fue inundada con más información de la que había pagado.

DEMASIADO FUERTE, DEMASIADO RÁPIDO

Pero esa pobre alma no fue la única en recibir información no deseada a este volumen. ¿Ha notado que vivimos en una cultura ruidosa? Estamos siendo inundados por el ruido, por la actividad, por la información. Quizá no esté sentado en el 38A junto al pastor Jude, pero sigue estando sujeto a una andanada sin fin de estímulos mentales y emocionales.

Estoy tratando de criar a tres niños, y algunas veces solo quiero ponerles orejeras, vestirlos de arpillera, mudarnos a

Montana y vivir en un fuerte en un árbol. Escuchan cosas y ven cosas que desearía poder tapar.

La vida no solo es *ruidosa*, sino *veloz*. Nuestro mundo y nuestra cultura viajan a alta velocidad. Hay tanto que está sucediendo, mucho que escuchar y procesar. Al parecer todos estamos de prisa ahora.

Hablamos acerca de desacelerar, acerca de dejar el ruido afuera, de encontrar tiempo para relajarnos y descomprimirnos. Eso es excelente en teoría, pero no estoy seguro de que podamos controlar el volumen y la velocidad de nuestra existencia, por lo menos no completamente. Es el mundo en el que vivimos.

Vivir la vida con este nivel de intensidad puede producir una angustia interna extraordinaria. Esto puede producir ansiedad, temor y un sentido general de desesperación.

Me pregunto, incluso en un mundo rápido y furioso, ¿podemos cultivar un alma acallada? ¿Podemos estar en calma y en paz y en descanso por dentro, incluso cuando todo a nuestro alrededor sea caos y ruido?

Ese pensamiento me es muy atractivo. Yo estoy a favor del trabajo duro y de ser responsable, pero no quiero llegar al final de mi vida y ser conocido como una persona ocupada. No quiero que esa sea la palabra que venga a su mente cuando mis hijos y mi cónyuge y mis amigos traten de describirme cuando ya no esté: —Estaba ocupado. Siempre muy trabajador. Siempre parecía un poco estresado, pobre hombre, pero logró muchas cosas.

Por supuesto, hay cierto valor en ser productivo, pero preferiría ser conocido como alguien que amaba la vida, amaba a la gente y amaba a Dios. Alguien que sabía cómo disfrutar cada momento y simplemente cómo estar en paz y reposo por dentro.

Uno de los mayores ejemplos en la Biblia de un alma acallada es David, el más famoso rey de Israel. Fue un guerrero, político, hombre de familia, visionario, músico y compositor. Si alguien sabía lo que significaba enfrentar estrés constante y presión, era David.

No obstante, el legado más perdurable de David no es el imperio que construyó, o los enemigos que derrotó, o las leyes que aprobó. Presuntamente, su mayor legado y don son sus canciones, registradas en el libro de los Salmos. Son una expresión sentida, apasionada y auténtica de su travesía con Dios. Y tres mil quinientos años después, sus palabras y emociones todavía hacen eco en nuestra alma.

Creo que este antiguo rey entendió algo que nuestra cultura frenética del siglo veintiuno necesita desesperadamente. Sabía cómo acallar su alma.

El Salmo 131 en particular nos da una mirada a la habilidad única de David de mantener un alma acallada y en reposo. Este salmo es parte de una colección de quince salmos llamados los Cánticos Graduales. Eran cantados tradicionalmente por las caravanas judías en su camino a Jerusalén para celebrar su fiesta religiosa anual. Los Cánticos Graduales eran su lista de canciones para el viaje.

Estos son los versículos 1–3:

> Señor, mi corazón no es soberbio, ni mis ojos altivos; no ando tras las grandezas, ni en cosas demasiado difíciles para mí; sino que he calmado y acallado mi alma; como un niño destetado en el regazo de su madre, como un niño destetado está mi alma dentro de mí.
>
> Espera, oh Israel, en el Señor, desde ahora y para siempre.

Observe especialmente el versículo 2. David es intencional con respecto a tener un alma calmada y acallada. La valora, la busca y la encuentra.

Recuerde, David era un héroe en Israel. Era una celebridad. Era la persona de mayor influencia y la más pudiente que pudiera haber. Tenía más poder, fama, fortuna y responsabilidad que la mayoría de nosotros podríamos imaginarnos.

¿Por qué es eso relevante? Porque David era un hombre adelantado a su tiempo. Estaba en este contexto antiguo, y al mismo tiempo se puede identificar con alguien viviendo en nuestra época. Tenía todo a la mano. No tenía un dispositivo celular, pero tenía personas que podían servirlo, hacer cualquier cosa por él y obtener cualquier información que quisiera. Tenía una vida ruidosa acelerada.

No obstante, en alguna manera, incluso con toda su opulencia y popularidad y fortuna y fama, encontró una manera de acallar su alma. Si el rey David pudo desarrollar un alma acallada en medio de la locura y caos de gobernar un reino, probablemente haya esperanza para usted y para mí.

Por cierto, dudo que el alma de David estuviera siempre acallada. Creo que tenía sus momentos, al igual que cualquiera de nosotros. De hecho, esa fue exactamente la razón por la que escribió acerca de acallar su alma intencionalmente: claramente enfrentó las mismas tentaciones que nosotros de permitir que nuestros pensamientos y nuestras emociones de salgan de control. Pero en general, parece haber descubierto cómo vivir desde una posición acallada, una posición calmada en el interior.

FUERA DE CONTROL

Este hermoso, breve y potente salmo solamente tiene tres versículos. Pero nos da varias claves que podemos aplicar hoy. El primer versículo empieza así: "Señor, mi corazón no es soberbio, ni mis ojos altivos".

Esa es una afirmación radical proveniente de un rey, especialmente en esa cultura. Era la persona más poderosa de su nación. Podría haber sido tratado como un Dios. Pero está diciendo en este salmo: —Sé que hay un Dios y que no soy Él. La gente me trata como un dios, pero no me lo voy a creer.

Usted quizá diga: —Tengo noventa y nueve problemas, pero tener complejo de Dios, no es uno de ellos. Nadie me adora. No soy una celebridad. Ciertamente, no creo ser Dios.

Pero hasta cierto punto todos batallamos con vernos a nosotros mismos como Dios en nuestra propia vida. Decimos cosas como: —Todo depende de mí. Si esto va a suceder, yo tengo que hacerlo.

Eso es hablar como Dios. Sí, tenemos responsabilidades; pero finalmente no estamos a cargo de nuestro destino. No podemos controlarlo todo. Solamente Dios puede hacerlo.

David le dijo a Dios: —No voy a permitir que mis pensamientos se desproporcionen. Sí, soy el hombre más poderoso por aquí; soy el rey; soy el indicado; pero no soy Dios. Señor, solo tú eres Dios.

El principio aquí es este: si usted quiere tener un alma calmada y acallada, tiene que reconocer que usted no está en control. Caer en cuenta de ello es fundamental para ser saludable y apacible en el interior. *No estoy en control. No estoy a cargo. Finalmente, no estoy dictando mis días. Dios, has contado mis días. Has ordenado mis caminos. Yo hago mis planes, pero tú diriges mis pasos. Señor, confío en que tienes en mente mis mejores intereses.*

Eso es lo opuesto de lo que solemos pensar. Tendemos a suponer que si carecemos de reposo y paz es debido a las incertidumbres de la vida, por lo cual, la respuesta es estar más en control de nuestro destino. Si pudiéramos simplemente prepararnos para el futuro un poco mejor, si solo tuviéramos más dinero en el banco, si tuviéramos un poco más de redes de seguridad instaladas, entonces nuestra alma hallaría reposo. Hacemos equivalente el control externo con la tranquilidad interna.

Pero eso no funciona así. Sin importar lo mucho que estudiemos o trabajemos, sin importar lo temprano que nos levantemos o lo tarde que nos acostemos, finalmente el tiempo y la oportunidad nos suceden a todos. No podemos garantizar nada.

Pero Dios sí puede.

Y *solamente* Dios puede hacerlo.

Cuando recordemos eso, una paz que sobrepasa el entendimiento inundará nuestra alma. La quietud y el reposo no se encuentran en el control, sino en la rendición. El profeta Isaías le dijo exactamente eso a Israel cientos de años después: "Ustedes se salvarán solo si regresan a mí y descansan en mí. En la tranquilidad y en la confianza está su fortaleza" (Isaías 30:15, NTV).

En nuestra sociedad y cultura modernas, la ambición casi siempre es deificada. Es celebrada, glorificada, esperada. Cuántas veces ha escuchado cosas como esta: —Usted puede ser lo que quiera ser. Solo crea. Lo que sea que se proponga, lo que sea que ponga en su corazón hacer, lo puede hacer y usted lo puede ser.

Siento mucho ser quien tenga que explicárselo, pero eso

no es bíblico en realidad. Usted puede ser quien *Dios* lo ha llamado a ser; quien *Dios* lo diseñó a ser; quien *Dios* lo hizo que fuera. Eso podría no sonar como "el estilo americano", pero es la verdad, y hay paz allí, hay reposo allí y hay descanso allí.

Creo en la ambición. No me mal entienda. Hay mucho todavía por decir acerca de las metas, de la ética de trabajo, de la actitud de hacer lo que se requiera. Pero la ambición sin control, enfocada en sí mismo podría ser una de las principales razones por las que muchas personas sienten angustia en el interior.

La ambición que no está conectada con el llamado de Dios tiende a cobrar vida por sí misma. Con frecuencia se convierte en competencia y comparación. Nuestro enfoque se convierte en obtener ese empleo, ese salario, esa casa. Colgamos nuestra identidad y nuestro valor en algo que no podemos controlar. Y en lo profundo en nuestro interior sabemos que no podemos garantizar el éxito, que es por lo que nunca podemos estar realmente en reposo.

¿Es Dios realmente Dios? ¿Verdaderamente creemos que Él está en control y que nos ama? Si es así, entonces no tenemos que jugar a ser Dios. No tenemos que estar en control. Podemos encontrar descanso para nuestra alma en quietud y confianza.

Rinda sus ambiciones y sueños y deseos a Dios. Ese es un lugar seguro y un lugar cuerdo. Permítale ser Dios. Es su trabajo y es realmente bueno en ello.

NO LO SÉ

En Salmo 131:1, David continúa diciendo: "No ando tras las grandezas, ni en cosas demasiado difíciles para mí".

Esencialmente está diciendo: —Hay mucho que no sé. No tengo todas las respuestas. No tengo toda la información. No lo entiendo todo. Y estoy bien con eso.

Esto es increíble, proviniendo del rey David. ¿Con cuanta frecuencia usted escucha a un rey, presidente o líder político decir: "No lo sé"? Pero evidentemente David se sentía cómodo con este tipo de expresión.

¿Tiene una categoría "no lo sé" en su vida? Déjeme ponerlo de otro modo. ¿Tiene un cajón de Dios en su vida? ¿Tiene un cajón en el que pone las cosas que no entiende, lo que no sabe, aquello con lo que no se preocupa? ¿Qué hace con lo que es demasiado grande y demasiado difícil para usted y su paradigma y su perspectiva finita y limitada?

No sé usted, pero mi cerebro no ha estado activo el suficiente tiempo como para comprender este universo. Prefiero tener un cajón de Dios en mi vida, un cajón en el que pueda poner las cosas que no entiendo y que no comprendo. ¿Cuán arrogante podría ser si pretendiera y aparentara tener una respuesta para todo?

No estoy seguro de que alguna vez se haya esperado que yo conociera todas las respuestas, de hecho. Entre más crezco, más conozco lo mucho que no sé. Más reconozco lo mucho que falta por aprender, y más cómodo me siento con decir: —Simplemente, no lo sé.

De toda la gente, el rey David era quien tenía acceso a la información. No tenía Google o Siri, pero tenía un ejército de personas inteligentes, preparadas, informadas, a su disposición y llamado. Nadie lo habría culpado si hubiera tratado de tener una respuesta para cada pregunta. Era lo que se esperaba de él, de hecho. Era el rey, así que se suponía que él debía ser la fuente máxima de respuestas, soluciones y perspectiva.

Pero David dijo: —No voy a tratar de entender todo en mi

vida. Algunas cosas van más allá de mi comprensión y no voy a actuar como si lo supiera todo.

Estableció líneas y límites a sus datos e información. David estaba haciendo una afirmación profunda con respecto a cómo tener un alma calmada y acallada. Estaba diciendo: —No lo puedo saber todo; y, además, no puedo manejarlo todo.

Ese entendimiento nunca ha sido más necesario que en esta era de información instantánea. Por ejemplo, no estoy seguro de que hayamos sido diseñados para tener estos dispositivos celulares con incesantes actualizaciones simultáneas sobre cada crisis local, nacional y global. Usted puede estar en el pasillo de los cereales en su tienda de comestibles, tratando de hacer el mandado y de llevar a sus hijos a la práctica de fútbol, y recibir seis o siete notificaciones sobre tragedias y atrocidades de alrededor de este mundo en sufrimiento.

No estoy defendiendo ser de corazón frío o indiferente o ignorante. Estoy a favor de mantenernos en contacto con los eventos actuales, y deberíamos permitir que nuestro corazón sienta el dolor de los que están a nuestro alrededor. Pero no sé si nuestra alma tiene la capacidad de comprender y procesar todas las tragedias del mundo. Sé que Dios sí puede, pero no creo que nosotros podamos.

Somos mayordomos de nuestra propia alma por la gracia de Dios, y *podemos* establecer nuestro límite a lo que escuchamos. Solo porque podamos conocer algo no significa que *debamos* saberlo o que deberíamos agobiarnos y obsesionarnos y enfocarnos en ello. Es una línea fina, una línea subjetiva, una línea muy personal. No le puedo decir lo que se supone que usted deba saber; solo puedo definir eso para mí mismo.

¿Usted quiere un alma acallada? ¿Quiere un espíritu en paz? Entonces ponga fronteras. Establezca límites. Genere un margen y un colchón para su alma. Todos los días habrá problemas, temas y dramas que crucen nuestro camino, pero que no es necesario que entendamos. Esas cosas se basan en la necesidad de saber; y no necesitamos saber.

Déjeme ser bastante práctico aquí: el chisme es algo que puede eliminar de inmediato. Usted no necesita orar con respecto a eso. La gente a su alrededor sin duda tiene algunos secretos escondidos y esqueletos en su armario de los que usted no tiene que saber. Y si algún alma bienintencionada trata de informarle algo que no le interesa, simplemente diga: —Gracias, pero no necesito saber eso. Lo amo. Creo en ella. No necesito ocupar mi mente, voluntad y emociones con problemas que Dios no me ha pedido que arregle.

Establecer fronteras y poner límites no es irresponsabilidad. No es egoísmo. Es *sabiduría*. Está bien si no conocemos todas las noticias y todos los detalles, si no sabemos acerca de cada persona que está sufriendo en el mundo y si no conocemos todo el chisme porque Dios es realmente bueno en ser Dios. Él sabe todo, está en control y su gracia es suficiente.

David—un rey, un gobernante, un hombre que necesitaba saber más que la mayoría de nosotros—lo reconoció y dijo: —Estoy poniendo fronteras y estoy estableciendo límites. No me ocuparé con lo que está más allá de mí.

UN ALMA BALANCEADA

David continuó: "Sino que he calmado y acallado mi alma" (Salmo 131:2). La palabra hebrea que se traduce como *calmado* en este versículo literalmente significa "poner a nivel".[1] Se utiliza en la Biblia en el contexto de allanar un campo desnivelado (Isaías 28:25). David estaba diciendo que había nivelado y asentado su alma intencionalmente.

Creo que David estaba reconociendo aquí que sus niveles

internos algunas veces estaban desequilibrados, y esto lo hacía inconsistente en su alma.

Nos sucede a todos nosotros, y David no fue la excepción. Estaba al tanto de las percepciones de las personas a su alrededor. Escuchó la andanada de alabanza y crítica. Estaba bajo presión y responsabilidad y estrés sin fin.

Creo que David enfrentó la misma pregunta que enfrentamos hoy: ¿Vivo realmente conforme a quién soy, o vivo de acuerdo con cómo la gente me percibe o quiere que sea?

David era obviamente popular. Era famoso. Era una celebridad. Los paparazzi constantemente estaban tratando de hacer esculturas de él. Así que David estaba diciendo: —Sé que la gente me ve en cierta forma, pero he tomado la decisión de nivelar mi alma y vivir a partir de quién soy genuinamente.

Usted puede ver esto a lo largo de la vida de David. Por ejemplo, el libro de 2 Samuel registra un incidente que sucedió cuando David organizó el retorno del arca del pacto a Jerusalén. El arca era un cofre sagrado que representaba la presencia de Dios, y había estado fuera por muchos años. Cuando el arca entró a la ciudad, David estaba tan emocionado y apasionado acerca de Dios que se unió a las multitudes que estaban celebrando en las calles. Se quitó sus vestiduras reales y danzó frente a todos con la vestidura sencilla de un sacerdote. No fue indecente, pero ciertamente no fue muy digno que digamos.

La gente—incluyendo a su propia esposa—estaba como: —¿Qué estás haciendo? Eres el rey. Detente. Nos estás avergonzando.

A David no le importó. Básicamente respondió: —¿En serio? ¿Creen que esto es poco digno? No me importa. Amo a Dios y lo voy a adorar y a celebrar como lo hacía cuando era solo un humilde pastor. Sigo siendo esa persona. No soy demasiado orgulloso o propio o popular para ser yo mismo. Este es quien soy.

David sabía cómo nivelar su alma.

Es imperativo que entendamos que no tenemos que cumplir con las expectativas de lo que la gente diga que somos o percibe que seamos. Por la gracia de Dios, Jesús nos habilita para vivir desde quiénes somos realmente.

Se ha escrito y publicado mucho acerca del fenómeno de las redes sociales al que el mundo parece haber sido arrastrado. No estoy aquí para denostarlo; me encantan las redes sociales. Pero seamos honestos: ¿cuánto tiempo invertimos tratando de lucir auténticos?, ¿cuánto esfuerzo ponemos en lucir espontáneos?, ¿cuántas fotos tomamos y cuántos filtros probamos en un intento por lucir genuinos? De hecho, es un poco cómico.

La mayoría de nosotros no somos celebridades, pero tratamos con algunos de los problemas extraños con los que las celebridades lidian porque las redes sociales inherentemente nos empujan a aparentar ser una persona que valga la pena seguir. Antes de caer en cuenta, quedamos atrapados en tratar de publicar cosas que les gusten a otras personas y tratando de ser lo que otras personas quieren que seamos, o probablemente quienes queremos ser, pero en el proceso quiénes somos realmente queda un poco fuera de lugar.

David estaba tratando con todo eso, y nos dice: —Necesito equilibrarme. No quiero olvidar quién soy. No quiero volverme inconsistente y desequilibrado en mi alma.

Continuamente se recordaba a sí mismo: *Probablemente sea el rey, pero sigo siendo solo David. Yo solía ser un pastor que vivía en una manera sencilla y amaba a Dios profundamente y era feliz. Ahora mi puesto y mi influencia han cambiado, pero no voy a perder la perspectiva. Sigo siendo yo.*

Yo creo que el nivelador más grande es la adoración. Hablé

de esto en el primer capítulo. El tiempo de adoración nos recuerda quiénes somos y quién es Dios. Era uno de los secretos de David. Tenía su porción de problemas y errores, pero era un adorador. Y a medida que su alma adoraba, se mantenía equilibrada, con los pies en la tierra y auténtica.

Es gracioso lo fácil que nuestra alma puede envanecerse. La gente puede comenzar a decir cosas lindas acerca de usted, obtiene una promoción, baja esas ocho libras o cuatro kilos adicionales y usted se ve en buena condición y se siente maravilloso y emana esa imagen asombrosa; y, no obstante, usted tiene grietas igual que todos los demás. Y entonces de la nada, usted enfrenta algunos desafíos o dolor en su vida, pero ahora no sabe a quién acudir porque tiene una personalidad y una imagen que proteger.

No es sostenible y no es saludable. Usted no puede vivir en un nivel en el que no está. En lugar de ello, simplemente viva a partir de quién es usted realmente. De hecho, es increíblemente liberador.

Un alma acallada es mucho más valiosa que la fama y la fortuna. Un alma nivelada, un alma equilibrada, un alma genuina; es un regalo de Dios.

UN ALMA DESTETADA

David termina su canción con una metáfora bastante extraña. Dijo: "Sino que he calmado y acallado mi alma; como un niño destetado en el regazo de su madre, como un niño destetado está mi alma dentro de mí" (v. 2).

Yo estaba leyendo esto hace un tiempo y llegué al final y quedé como: *David, hermano, ¿qué tiene que ver ser amamantado?* Así es como funciona mi cerebro.

"He calmado y aquietado mi alma—*eso es maravilloso*

David, letra excelente—; como un niño destetado—*¿qué?, ¿por qué estamos hablando de ser destetados, David? Eso es un poco raro—*.

Y luego termina: "Espera, oh Israel, en el Señor" (v. 3).

¿Por qué David se sentiría inspirado a darnos una imagen verbal de un niño destetado con su madre? Creo que David estaba diciendo dos cosas con esta metáfora.

Primero, tenga en mente que David usó expresiones proféticas, redentoras a lo largo de sus escritos. En otras palabras, sus letras no solo describían los sentimientos presentes, sino que también ven hacia adelante a un tiempo en el que Dios iba a enviar al Mesías prometido. Dios inspiró a David y a los demás escritores de la Biblia para escribir cosas que señalaran hacia el futuro, hacia Jesús.

Creo que David tuvo un atisbo de lo que Jesús le proveería a la humanidad. Cientos de años después, Jesús utilizó una imaginería similar cuando le dijo a un hombre llamado Nicodemo que para conocer y seguir a Dios tenía que hacer de nuevo (Juan 3:3).

David estaba diciendo: —Si usted quiere un alma clamada y acallada tiene que comprender que no se ganó el amor de Dios. Usted nació en él, como un niño con su madre.

Un espíritu calmado y acallado es el resultado de comprender que nuestra relación con Dios no está basada en dignidad, sino en nacimiento.

Segundo, David estaba comunicando la actitud que deberíamos tomar hacia Dios. Por eso fue que no solo dijo: "Como un niño con su madre", sino que en lugar de ello añadió la palabra descriptiva *destetado*. Fue intencional.

Chelsea y yo tenemos tres hijos, y los amamantamos a todos. Bueno, ella los amamantó. Pero en esta época los maridos reclaman todo. *Nos* embarazamos, di*mos* a luz, amamant*amos*; es un trabajo en equipo.

La cosa con amamantar es que cuando el bebé está despierto en los brazos de su madre, incluso cuando no es tiempo de comer, solo tiene una cosa en mente: comida. Yo vi esto con todos nuestros hijos, especialmente con el de en medio. Siempre quería comer. Todavía, de hecho.

Podíamos estar en un restaurante, y si Chelsea estaba cargando al bebé, inevitablemente, su pequeño radar detectaba la dirección de la fuente más cercana de leche. No sé si era instinto o memoria muscular, pero comenzaba a manosear y a agarrar a su mamá. Chelsea tenía que cargarlo de lejos porque las cosas se estaban poniendo poco apropiadas en público.

Cuando un niño está siendo amamantado y está en los brazos de su madre, quiere leche. A menos que esté dormido, nunca está quieto.

David lo dijo dos veces: "Soy como un niño destetado". ¿Qué es lo que un niño destetado quiere en los brazos de su madre?

Nada.

Ese bebé simplemente está feliz de estar en los brazos de su madre.

¿Sabe qué estaba diciendo David? Nos estaba diciendo que tiene un alma calmada y acallada porque está contento con quién es Dios.

Creo que David estaba escribiendo esta canción y que estaba diciendo: —Tengo fama, tengo riquezas, tengo opulencia, tengo influencia; lo tengo todo. Pero todo palidece en comparación contigo, Dios. Soy como un niño destetado, un niño que pasa tiempo con su madre, no porque quiera algo, sino simplemente porque la ama y quiere estar cerca de ella. Simplemente *te* deseo, Dios.

Por cierto, a Dios le encanta escuchar lo que usted quiere y lo que desea. La Biblia dice que Él ya conoce su necesidad entes de que siquiera le pida. Así que pida. No necesita jugar con Dios. —Quiero estas cinco cosas, pero voy a aparentar que no para que probablemente las obtenga.

Él ya lo sabe, así que siéntase libre de pedir.

Pero tengo la esperanza de que experimentemos el espacio en el que estaba David aquí. Espero que podamos decir: —Lo que haces por mí es asombroso, Dios, pero solo quiero estar en tus brazos. Solo quiero estar contigo.

Ya leímos anteriormente Hebreos 6:19. Que dice: "La cual tenemos como segura y firme ancla del alma".

Me encantan esas primeras palabras: "La cual tenemos". El escritor de Hebreos las uso para construir una explicación de quién es Jesús y lo que logró a nuestro favor.

Escuche esa expresión: *la cual tenemos*. No tenemos que obtenerla. No tenemos que ganarla o merecerla. Ya tenemos lo que necesitamos. Y sabemos que Dios seguirá proveyendo lo que necesitamos en el futuro.

Pero lo más importante es que tenemos un Dios que quiere—con cada onza y fibra de su ser—cargarnos en sus brazos. No necesitamos una agenda o una lista de pendientes cuando nos acercamos a Dios. Es probable que Él tampoco tenga una agenda. Solo quiere relacionarse con nosotros. Solo quiere estar con nosotros, como una mamá y su hijo.

Quizá se esté preguntando: *¿Eso que quiere decir exactamente, Judah? ¿Me puedes dar tres pasos prácticos para estar en los brazos de Dios?*

No, no puedo. Y no sé si usted necesite eso, porque creo que fue diseñado para esto. Usted fue hecho para esto. De todos los seres en el universo, usted es el ser humano; usted es el ser principal; usted es el objeto del afecto y deseo de Dios.

Usted fue diseñado para estar a solas con Dios, para disfrutar a Dios, sentir a Dios y experimentar a Dios. Creo que es intuitivo dentro de su ser y su sistema.

Creo que simplemente tiene que permitirle a su alma ir allí, por la gracia de Dios, y decir: *Muy bien, Dios, aquí estoy. Voy a disfrutarte.* Cuando esté atorado en el tráfico, mientras esté haciendo un mandado, mientras esté llevando a los niños a todos lados, cuando esté en una minivan o en la tienda de abarrotes o en un cubículo en el trabajo, permita que su alma sea como un niño destetado dentro de usted. Déjela ir a ese espacio donde está Dios. Piense en Él; medite en quién es Él; probablemente diga algunas cosas internamente que no diga verbalmente. Permítase simplemente disfrutar el abrazo de su Hacedor y su Creador.

Usted probablemente no pueda—o no deba—renunciar a su trabajo mañana. No puede abandonar sus responsabilidades o escapar del ruido diario y el ritmo de la vida.

Pero en medio de todas sus idas y venidas y actividades, usted puede, como el rey David, permitir que Dios nivele y acalle su alma. Incluso en un mundo en el que el volumen sea ensordecedor y la velocidad sea vertiginosa, usted puede descubrir cordura, reposo y tranquilidad. Usted puede descubrir una relación con Dios que se revuelve alrededor de no obtener cosas *de* Él, sino de simplemente estar *con* Él.

Y en ese espacio usted encontrará un alma calmada y acallada.

siete

UNA VIDA EFICAZ

Cuando era niño, ¿alguien le preguntó alguna vez: —¿Qué vas a ser cuando seas grande?

Probablemente una tía o un tío en una reunión familiar le pellizcó las mejillas, hizo un comentario sobre su altura o el largo de su cabello o su acné, y luego comenzó a preguntarle sobre sus metas de carrera. Usted apenas tenía once años, pero se esperaba que tuviera una respuesta lógica, viable y físicamente responsable.

Recuerdo haber estado en primer grado y tratar de responder esa pregunta. Mi maestra, la Sra. Paulson, nos pidió que dibujáramos lo que queríamos ser cuando fuéramos grandes. A medida que dibujábamos, ella iba paseándose, y con base en nuestra personalidad y habilidades, gentilmente nos dirigía hacia metas de carrera que fueran...realistas.

Mi escritorio estaba junto a Kelly, quien era el amor de mi vida en ese momento. Solía llamarla mi bollito de miel, lo cual es simplemente raro. Era un romántico irremediable. Lo sigo siendo.

Kelly estaba sentada junto a mí, y nunca olvidaré a la Sra. Paulson aproximándose mientras todos estábamos intentando dibujar lo que queríamos ser en ese futuro lejano conocido como la edad adulta. La Sra. Paulson se detuvo en el escritorio de Kelly y le dijo: —Kelly, ¿qué vas a dibujar?

Kelly dijo: —No lo sé.

Así que, con base en la propensión e intelecto y capacidad de Kelly, la Sra. Paulson comenzó a sugerirle cosas que podría dibujar: —Kelly, eres tan lista y brillante. Podrías ser matemática, o podrías ser profesora, o podrías ser astronauta. ¡Incluso podrías ser presidenta, Kelly!

Los ojos de Kelly se abrieron grandes y comenzó a dibujar lo más rápido que podía.

Entonces siguió mi turno.

—Judah, ¿qué vas a dibujar?

—Bueno, no lo sé, Sra. Paulson—le dije en mi inocente y muy, muy aguda voz—. ¿Qué cree que pueda ser cuando crezca?

Una larga pausa.

—Oh…mmm…bueno, no lo sé, Judah. Muchas cosas, estoy segura. Veamos…bueno, podrías ser un buen ciudadano. Sí, podrías pagar tus impuestos y trabajar…mmm, ¿en alguna parte? Haciendo algo, estoy segura. Podrías tener una familia. Bueno, ya pensarás en algo.

Y a toda prisa siguió avanzando.

Creo que terminé dibujándome salvando un gato del vecindario porque ese era el más alto llamado al que podía aspirar o esperar. No puedo culparla por quedarse en blanco. La escuela era obviamente un desafío para mí. Y la extremadamente honesta Sra. Paulson solamente estaba tratando de manejar mis expectativas.

Nunca terminé salvando un gato, pero sobreviví a la escuela, y hoy soy un adulto hecho y derecho con una ocupación real y una familia y un ingreso. Así que creo que es justo decir que excedí las expectativas de la Sra. Paulson. Ella está probablemente muy orgullosa de mí.

No obstante, la experiencia me hace preguntarme: ¿Por qué nos enfocamos tanto en lo que los niños quieren *ser* y *hacer* cuando sean grandes? Es una pregunta engañosa. Insinúa algo completamente falso acerca de la vida.

Insinúa que la vida es un *destino*. Que la vida se trata de llegar. Y más específicamente, que la vida se trata de llegar a una profesión, un puesto y una carrera.

Por ejemplo, usted se convierte en agente de policía. Muy bien, ya llegó. ¿Ahora qué? Usted descubre que llegar a ser algo, en y por sí mismo, no es el fin último. Ese es el inicio. Ahora tiene que hacer el trabajo de un oficial de policía. Usted tiene que parar coches con gente como yo, que vamos un poco arriba del límite de velocidad y multarlos.

Yo le dije: —¿En serio, oficial? Yo soy uno de los buenos. Hay personas por allí saqueando casas, ¿y me está parando a mí?

Chelsea me dijo: —Tienes un problema de actitud, Judah.

—No—insistí—. Están desperdiciando su tiempo conmigo. Soy un buen ciudadano. Justo como la Sra. Paulson dijo que sería.

Ella me respondió: —Ibas ilegalmente circulando a una velocidad muy alta.

Yo le dije: —No lo digas así. Simplemente soy apasionado. Estoy tratando de llegar a un lugar.

Como sea, continuemos. Para algunas personas, la meta no es alcanzar un objetivo de carrera, es casarse. Esa es su señal de éxito. Como si el matrimonio fuera un fin, ¿no? No, mi amigo, es solo el comienzo. El comienzo de uno de los viajes más largos, más agotadores, y más bendecidos en los que alguna vez haya estado. Voy a las bodas y veo a estas jóvenes parejas que se están casando.

Y todos están como: —Ay, son tan lindos.

Y yo estoy pensando: *No tienen idea.*

Estoy bromeando, principalmente, de todos modos. Estoy a favor del matrimonio. Soy promatrimonio. Estoy feliz, dichosa e irreversiblemente casado. Pero como todas las parejas pueden atestiguar, casarse no es el fin. Es la puerta de inicio. Es la ronda de calificación. Es solamente el comienzo, y las mejores partes—y probablemente las peores partes—todavía quedan por delante.

No obstante, así es la vida, ¿verdad? La vida no se trata de llegar. No dejamos de aprender cuando terminamos la escuela. No dejamos de trabajar cuando obtenemos nuestra primera gran oportunidad de carrera. No dejamos de soñar cuando alcanzamos un hito. Nunca dejamos de imaginar; jamás dejamos de crecer; nunca dejamos de estirarnos, de creer, de crear.

La vida es una travesía.

Creo que deberíamos cambiar la pregunta. En lugar de preguntar: "¿Qué quieres ser cuando seas grande?". Debemos hacer una pregunta mucho más importante: "¿Cómo quieres que sea tu vida?". O quizá: "¿Qué tipo de alma quieres tener?".

Estas son mejores preguntas; son preguntas más profundas. Son mucho más significativas que preguntarle a alguien qué quiere hacer profesionalmente o cuánto dinero él o ella quiere tener en el banco, porque la carrera y el dinero no son de lo que trata la vida.

Este tipo de pregunta despierta una evaluación honesta de lo eficaz que es nuestra vida. No eficaz en el sentido de acumular logros monumentales, o fama, sino en el sentido de algo más sencillo, pero menos medible: el de vidas que valgan la pena vivirse.

Una vida eficaz puede recordar y decir: —Mi alma está satisfecha. Llegué a ser quien Dios me creó. Hice aquello para lo que Dios me puso en este planeta. Disfruté la vida, amé la vida, marqué una diferencia. Tuve una vida plena y realizada.

ALMA EFICAZ, VIDA EFICAZ

Nuestra alma tiene una necesidad dada por Dios de propósito y trascendencia. Creo que eso es lo que estamos tratando de obtener subconscientemente cuando nos concentramos en carreras, títulos y logros. No obstante, una vida verdaderamente eficaz, comienza con un alma eficaz. Fluye de un alma que funciona y encuentra su valor no en logros externos, sino en su relación con Dios.

A medida que nuestra alma se encuentra a sí misma en Dios, nuestra vida encuentra su propósito, lugar y valor en Él también. El apóstol Pablo escribió acerca de este tipo de vida realizada, eficaz en su primera carta a la iglesia de Corinto. Sus comentarios a modo de conclusión:

Después de pasar por Macedonia, pues tengo que atravesar esa región, iré a verlos. Es posible que me quede con ustedes algún tiempo, y tal vez pase allí el invierno, para que me ayuden a seguir el viaje a dondequiera que vaya. Esta vez no quiero verlos sólo de paso; más bien, espero permanecer algún tiempo con ustedes, si el Señor así lo permite. Pero me quedaré en Éfeso hasta Pentecostés, porque se me ha presentado una gran oportunidad para un trabajo eficaz, a pesar de que hay muchos en mi contra. (1 Corintios 16:5–9, NVI)

Observe la frase: "Trabajo eficaz" (v. 9). Leí eso hace un tiempo, y comencé a pensar: *Si hay trabajo eficaz, también debe haber trabajo ineficaz, y debe haber trabajo promedio.* No sé usted, pero yo quiero invertir las relativamente breves horas, días, meses y lo que tengo en *trabajo eficaz*, no en trabajo inútil, mediocre o poco satisfactorio. Quiero tener un alma realizada y una vida eficaz.

A lo largo de la Biblia hay atisbos de cómo es una vida verdaderamente eficaz. Por ejemplo, observe lo que dice Salmo 1:3 acerca de una persona que confía en Dios y lo sigue.

Será como árbol plantado junto a corrientes de aguas, que da su fruto en su tiempo, y su hoja no cae; y todo lo que hace, prosperará.

Me encanta la metáfora y la imaginería que usó el compositor. No nos dice cuánto dinero vamos a ganar, o qué tipo de empleo tendremos o si alcanzaremos alguna vez nuestro peso ideal, o si la gente nos va a pedir autógrafos, o si tendremos más juguetes que nuestros vecinos cuando muramos. Nada de eso. Dijo que nuestra alma y nuestra vida serían estables, fieles, apasionadas, fructíferas, saludables y bendecidas.

Salmo 92:12–14, nos da una imagen similar:

El justo florecerá como la palmera; crecerá como cedro en el Líbano. Plantados en la casa de Jehová, en los atrios de nuestro Dios florecerán. Aun en la vejez fructificarán; estarán vigorosos y verdes.

Este pasaje hace referencia a la gente "justa". ¿Cómo nos convertimos en justos que florecen y dan fruto? Según las enseñanzas de la Escritura, no es por ser perfecto. No es el resultado de duro trabajo o de autodisciplina. Las personas justas no son las que por puro esfuerzo se han hecho a sí mismas un poco mejores que la gente a su alrededor.

En lugar de ello, la gente justa es la que confía en Jesús como su fuente de aceptación y justicia delante de Dios. Eso fue lo que Jesús vino a enseñarnos. Somos justos a causa de Jesús, y a medida que lo seguimos, nuestra vida comienza a reflejar esas cualidades y características mencionadas en Salmo 92.

El versículo 12 dice: "El justo florecerá". Me encanta la palabra florecerá. Quiero un alma que florezca. ¿Por qué conformarse con dinero en el banco cuando podría *florecer*? ¿Por qué colgar su felicidad de un salario con seis cifras o una oficina en la esquina o un álbum de mayor venta cuando su alma podría florecer? No es que esas cosas estén mal, por supuesto. Pero las disfrutará mucho más si usted está floreciente y saludable en el interior, no solo en el exterior.

Este pasaje dice que daremos fruto a lo largo de nuestra vida y que estaremos verdes y vigorosos. El escritor estaba diciendo que, sin importar su edad, usted tendrá pasión y juventud; será de influencia y productivo; y su matrimonio será sexualmente activo hasta el final. Está bien, probablemente exageré un poco. Pero no se ofenda. He dicho cosas peores.

Quiero que mi vida y mi alma sean fructíferas. No sé cuál será mi paga en el futuro. No sé cómo lucirá mi saldo o, de hecho, cómo lucirá mi cintura o mi cabellera. No sé si tendré una posición o preeminencia o poder. Pero quiero tener un alma plena. Quiero tener una vida eficaz, fiel y fructífera.

Jesús regresó al cielo a los treinta y tres, pero sus años fueron plenos y fructíferos. Mi papá falleció a los sesenta años.

Estaba joven, pero había conducido una vida eficaz. No sé cuántos años me queden en este planeta, pero quiero que sean los mejores años de mi vida. Preferiría vivir una vida eficaz a los treinta y tres o sesenta que vivir una vida ineficaz hasta los cien.

Una vida eficaz no se puede cuantificar por cuánto tiempo vivirá, cuántos dígitos tenga su saldo bancario o cuantas personas lo siguen en las redes sociales. Esas cosas no miden ni definen la vida de una persona. Una vida eficaz tiene que ver con la posición y condición de su alma.

¿Somos eficaces, estamos satisfechos, somos fructíferos y fieles? Estas es la vida que queremos, pero ¿cómo la obtenemos? ¿Cómo encontramos este espacio y lugar para nuestra alma? ¿Cómo vivimos de tal manera ahora que cuando lleguemos al final de nuestros días, podamos recordar y celebrar una vida bien vivida?

Los comentarios finales del apóstol Pablo a los corintios nos da dos elementos importantes de una vida eficaz. No creo que Pablo estuviera tratando de contarnos sus secretos; simplemente estaba concluyendo su carta. Estaba abriendo su corazón y dando ayuda práctica a la iglesia de Corinto. Pero estos dos elementos—fácilmente pasados por alto—para una vida eficaz brillan a través de sus escritos porque estaban bastante arraigados en su estilo de vida.

Tenga en mente que Pablo, anteriormente conocido como Saulo, no siempre fue eficaz. Antes de conocer a Jesús, este era un hombre que vivía una vida bastante ineficaz. Él era parte del problema, no de la solución. Había estado involucrado en el arresto y asesinato de incontables seguidores de Jesús. Su vida era ineficaz desde el punto de vista de Dios.

Pero entonces tuvo un asombroso encuentro con Jesús, del cual puede leer en Hechos 9. El nombre de Saulo le fue cambiado a Pablo, y su vida casi de inmediato se volvió eficaz. De hecho, esa es una subestimación. Dios usó a Pablo para escribir trece libros del Nuevo Testamento. Pablo comenzó por lo menos catorce iglesias, y estas con el tiempo se multiplicaron en miles de iglesias. Dramáticamente afectó la filosofía e incluso la teología del Imperio Romano. Pablo vivió una vida eficaz, fructífera, satisfactoria.

También fue una vida llena de persecución, por cierto. Pablo enfrentó más allá de lo que le tocaba de dolor, malos entendidos y oposición. Había personas a las que no les simpatizaba y escribían blogs crueles acerca de él. Hubo personas que trataron de adjudicarse el crédito de sus éxitos, socavar sus esfuerzos y desacreditar sus motivos. Hubo personas que trataron de matarlo descaradamente. Su vida no estaba libre de dolor o de problemas, pero, no obstante, fue plena, fructífera e inmensamente eficaz.

No le puedo prometer que su vida estará llena de ninguna otra cosa que pétalos de rosa y chocolates y galletas y crema. Una vida eficaz no siempre es fácil, y no siempre es perfecta. Algunas veces las cosas no resultan. Van a haber desafíos y dificultades a lo largo del camino. Pero en medio de todo ello, usted todavía puede ser pleno, fructífero y eficaz.

UNA VIDA RENDIDA

El primer elemento de una vida eficaz está tejido a lo largo del pasaje que cité anteriormente. Aquí están los versículos nuevamente, con algunas frases específicas enfatizadas.

> Después de pasar por Macedonia, *pues tengo que* atravesar esa región, iré a verlos. *Es posible* que me quede con ustedes algún tiempo, y tal vez pase allí

el invierno, para que me ayuden a seguir el viaje a *dondequiera* que vaya. Esta vez no quiero verlos sólo de paso; *más bien, espero* permanecer algún tiempo con ustedes, *si el Señor así lo permite.* Pero me quedaré en Éfeso hasta Pentecostés, porque se me ha presentado una gran oportunidad para un trabajo eficaz, a pesar de que hay muchos en mi contra.

¿Reconoció el énfasis? *Tengo que; es posible; dondequiera; si el Señor así lo permite.*

—Pablo—me gustaría preguntarle—, ¿tienes idea de lo que vas a hacer mañana? ¿Sabes lo que es una agenda? Consíguete una Palm Pilot, amigo.

Las Palm Pilot están tan fuera de moda, quizá esté pensando. Bueno, irónicamente, ese es el tamaño del iPhone ahora. Increíble. ¿Cómo lo hace Apple? Alguien me envió un mensaje de texto cuando salió el iPhone Plus y decía: "Este teléfono es tan asombroso y grande". Y pensé: *¿Qué ha pasado?* Solíamos buscar solo lo pequeño, y ahora queremos lo grande. El teléfono es inmenso. Es como un bebé recién nacido: no cabe en ningún lado. Uno nunca sabe dónde ponerlo. Pero todos lo amamos, y Apple gana de nuevo.

Al parecer, Pablo no estaba a cargo de su propia agenda. Observe que solo hay dos *afirmaciones* aquí: "Iré a visitarlos" (v. 5), y: "Me quedaré en Éfeso" (v. 8). Pero hay cinco *si Dios quiere.* No usó esa frase exacta, pero cuando dijo *tengo que, es posible, dondequiera, espero* y *si el Señor así lo permite,* se estaba refiriendo a su dependencia de la voluntad de Dios, no de la suya propia.

En otras palabras, Pablo vivía una vida rendida. Así era como funcionaba diariamente, era el ritmo de su vida. Dijo:

—Voy a visitarlos, creo, espero, por supuesto que quiero, si el Señor lo permite, si es plan del Maestro, si eso está en su agenda, y me quedaré en Éfeso por ahora. Dios los bendiga. Una vida eficaz es primero y sobre todo una vida rendida. Pablo rindió su agenda, sus decisiones, sus destinos y su dirección a Dios. ¿Por qué? Porque para Pablo Dios no era una formalidad o una tradición o una reunión de domingo por la mañana. Como dije anteriormente, hubo una vez en que Pablo era Saulo y Saulo era un hombre malo. Era de la mafia. Era un asesino. Saulo era por completo ineficaz cuando se trataba de vivir verdaderamente. Iba de camino a lastimar a más personas, y Dios básicamente lo derribó de su asno, le dirigió una luz a sus globos oculares, y le dijo en una voz audible:

—Saulo, ¿qué crees que estás haciendo?

Y Saulo dijo algo como: —Perdón, ¿quién dijiste que eres?

—Yo soy Jesús. El tipo que pensaste que era tu oposición y competencia. Tengo un equipo, Saulo, y quiero que juegues en ese equipo. De hecho, me encantaría que fueras el mariscal de campo. ¿Te interesa?

Pablo accedió. ¿Qué haría usted si fuera cegado por el cielo y escuchara la voz de Dios? Era uno de esos momentos completamente obvios.

Así que, para Pablo, Jesús era real. Dios lo había confrontado físicamente y había hablado audiblemente con él, y desde entonces la vida de Pablo quedó rendida a lo que fuera que Dios pidiera de él. La actitud de Pablo era: —A donde quieras que vaya, Dios; con quien quieras que hable; el riesgo que quieras que tome; la prisión en la que me pongan; y sin importar la persecución bajo la que entré, haré lo que quieras que haga. Soy tuyo.

Algunas personas piensan que la rendición es un sacrificio. Yo veo la rendición como el lugar más seguro donde vivir. Si

Dios está guiando, entonces toda la presión está sobre Él. Una vida rendida puede decir: —Dios, esto es tu culpa. Tú eres quien me metió en este enredo, así que eres quien necesita sacarme de él. No sé lo que estoy haciendo aquí. Este asunto me supera por mucho. Pero Dios, estoy totalmente rendido a ti. Esto es en tu horario, así que esto depende de ti.

Qué lugar tan seguro en el cual vivir, y qué lugar tan hermoso donde vivir. Solo estamos en ello por el paseo. Es divertido—y a veces atemorizante—, pero finalmente el peso y la presión están en Dios, porque simplemente estamos haciendo su voluntad.

UNA VIDA RODEADA

Una vida rendida es una vida hermosa, pero a menos que sea intencional con respecto a mantenerse con los pies en la tierra, puede salirle el tiro por la culata. Una vida rendida se puede convertir en una vida realmente rara. No se ofenda, pero he conocido a algunas personas que están comprometidas con vivir una vida rendida, y son como: —Renuncié a mi trabajo hoy, y estoy recorriendo las calles, y estoy cantando.

Y yo quiero decir: —No puedes cantar, primero que nada. Ese no es tu don y con eso no puedes mantenerte. Volvamos con tu jefe y roguémosle que te devuelva tu empleo. Tu rendición nos está asustando a todos.

A medida que consideramos la vida de Pablo, vemos un segundo elemento de una vida eficaz que es tan importante como el primero. El versículo 9, el cual consideramos anteriormente, habla acerca de "una gran oportunidad para un trabajo eficaz". Inmediatamente después de decir eso, Pablo escribió doce versículos de cierre que se enfocan en una persona tras otra en su vida. Reconoce a unas personas, saluda a otras, alienta a unos más y se conecta con algunos otros.

Parafraseando, versículo 10: "Si llega Timoteo, procuren que se sienta cómodo entre ustedes. Es tan genial. Creo que es un gran tipo".

Versículo 12: "Realmente quiero que Apolos los visite pronto".

Versículo 17: "Ya escucharon acerca de Estéfanas, Fortunato y Acaico. Son maravillosos. Son increíbles. Me han ayudado tanto".

Versículo 19: "Toda la iglesia de la provincia de Asia, colectivamente, los mandan saludar. Y Aquila y Priscila, que tienen una iglesia en su casa, también les envían saludos".

¿Qué estaba diciendo Pablo? Alistó siete amigos específicos que quería que la iglesia de Corinto conociera, cuidara, recibiera, apreciara y se hicieran amigos de ellos.

Pablo no solamente estaba *rendido*; estaba *rodeado*.

¿Quiere vivir una vida eficaz? No es tan complicado como algunos podrían decir que es. Primero, ríndase a Dios, su Creador y su Padre. Entréguele el control de sus caminos y días a él. Y segundo, reciba de la comunidad que Dios ponga a su alrededor. Es así de sencillo. Manténgase rendido y manténgase rodeado.

La Biblia dice: "Dios ubica a los solitarios en familias" (Salmo 68:6, NTV). No subestimemos lo bendecidos que somos por tener personas a nuestro alrededor o lo importante que es la comunidad.

Desde chico, me he beneficiado de la iglesia y de la comunidad de seguidores de Jesús que rodea mi vida. En alguna parte a lo largo del camino, por la gracia de Dios, me rendí a lo que Dios quería para mi vida. Entonces Dios me rodeó con hombres y mujeres, muchos de ellos me han conocido desde chico, y esas personas me han guiado, me han alentado y me han ayudado a lo largo del camino.

Probablemente haya escuchado ese proverbio insistente: "El que vive aislado busca su propio deseo, contra todo consejo se encoleriza" (Proverbios 18:1, NBLH). En otras palabras, si no estamos rodeados, tendemos a tomar decisiones tontas. Seremos engañados por nuestras pasiones y deseos, y terminaremos lastimándonos.

No fuimos diseñados para estar solos. Somos seres sociales. No importa cuán introspectivos o tímidos o privados podamos ser, todos estamos diseñados para vivir en comunidad. Tenemos el propósito de beneficiarnos mutuamente.

¿Cómo vive una vida eficaz? Sí, usted se rinde; pero no lo hace solo. Usted se rodea de otras personas rendidas, y en poco tiempo, su vida y su alma son fructíferas y plenas y trascendentes. Sus palabras de aliento, sus mensajes de texto y correos electrónicos, su apoyo silencioso en tiempos difíciles, su consejo; cambiarán su vida y edificarán su alma.

No soy el lápiz más picudo de la caja. No soy el lector más ávido, ni el mejor erudito. Ciertamente no soy el que mejor se controla a sí mismo o que se automotiva. Pero puedo rendir mi vida a Dios, y puedo permanecer inmerso en una comunidad de personas.

Qué gran beneficio y privilegio tenemos. Estamos aquí unos para los otros: para rodearnos mutuamente, amarnos y alentarnos a lo largo de esta vida rendida, entregada. Rendidos y rodeados permanecemos asentados. Eso rimó por casualidad.

Dios nos está invitando a cada uno de nosotros a tener un alma eficaz y una vida eficaz. Su invitación está disponible para todos. No va a ser una vida sin desafíos y dificultades, pero al final, seremos fructíferos, fieles y plenos.

ocho

UN NUEVO USTED

Esta quizá sea una pregunta rara, pero cuando usted era chico, ¿su papá se ponía una bata cuando estaba en casa? El mío sí. Yo no uso bata y no tengo planeado hacerlo, así que es probable que haya sido un asunto generacional. Pero de chicos, después de la cena y a medida que la noche avanzaba, mi papá inevitablemente terminaba en una bata.

Una noche en particular, tuve un encuentro con mi papá y su bata. Yo tenía dieciocho años y había estado en la noche juvenil de nuestra iglesia. Después de la reunión, un grupo de nosotros nos fuimos a un restaurante gourmet de hamburguesas. A los dieciocho años, si íbamos a ese restaurante, pedíamos una hamburguesa grande con queso cheddar y tocino y papas a la francesa, y luego lo bajábamos con una rebanada de tarta de helado de vainilla, chocolate y galleta del tamaño de una montaña, y nuestro peso y cintura no cambiaban ni un poco. Así era en esos días. No he comido eso desde entonces.

Como sea, nos quedamos allí hasta tarde. Mi papá sabía que yo estaba en la iglesia y esperaba que después de la reunión pasara tiempo con mis amigos, así que las cosas hasta este punto iban bien.

Entonces una de las chicas de nuestro ministerio de jóvenes, quien yo pensaba que era bastante agradable les dijo a todos: —Oigan, no tengo como irme. ¿Alguien me podría llevar a mi casa?

Así que me ofrecí como voluntario: —Sí, yo te llevo a tu casa. Por cierto, esta no era Chelsea. No estábamos saliendo ni nada, pero como dije, yo pensaba que esta chica era agradable y podría haber estado interesado en ella. La llevé a su casa. Nos estacionamos y ella estaba a punto de bajarse, pero empezamos a conversar.

Ahora bien, nunca hicimos nada más que hablar. Yo ni siquiera la hubiera tomado de la mano porque mi mamá me habría matado y luego mi abuela me hubiera desenterrado para matarme otra vez. *Cualquier cosa* física no era una opción para mí.

Nos sentamos afuera de su casa hablando, y sin darnos cuenta, habían pasado ya dos horas. Finalmente nos despedimos, y para el momento en que llegué a casa, probablemente eran las dos de la mañana.

Entré y estaba dejando las llaves en el pequeño tazón en el que mi papá dejaba sus llaves, cuando de pronto escuché su fuerte y grave voz emanando de la oscuridad: —Buenas noches, hijo.

Creo que chillé un poco. Definitivamente salté. Miré a la oscuridad y vi a mi papá sentado en el sofá en—ya lo adivinó—su bata.

No sé si su padre era así, pero para mí, mi papá siempre fue más grande que una casa. Era una pulgada o dos centímetros y medio más alto que yo, sus manos eran más grandes, había jugado como mariscal de campo en la escuela media-superior: era mi héroe. Y cada vez que había una situación en la que él estaba siendo, bueno, *Papá*, mi voz subía de tono una octava.

Así que en su tono bajo, ominosamente paternal me dijo:
—Buenas, noches hijo.

Y yo chillé en respuesta: —¡Hola, Papi! ¡Me asustaste!

Nunca lo olvidaré. Yo solo era un niño grande. Eran las dos de la mañana, las luces apagadas, había sombras escalofriantes por todo el lugar; era como una película.

Me dijo: —Hijo, ¿por qué no vienes acá y te sientas junto a mí? No era una solicitud. Era una orden, lo cual era un indicativo de mi niñez.

Así que me senté junto a mi papá en su bata. Y de modo casual me preguntó: —¿Cómo te fue esta noche?

Mi voz todavía sonaba como si la pubertad su hubiera olvidado de mí: —Pues, me fue bien, Papá. Fíjate que solo estábamos pasando el tiempo en el restaurante de hamburguesas y eso. Y esta chica quería que la llevara a su casa, así que la llevé.

—¿Quién era?—me preguntó.

Así que dije su nombre. Y él me dijo: —Bueno, eso fue muy amable de tu parte. ¿Entonces hablaron bastante rato?

No tenía que preguntarme si nos habíamos besado o alguna otra cosa, porque ambos sabíamos esa no era una opción.

Entonces me dijo: —Hijo, tú y yo sabemos que ella no es la chica para ti.

Yo estaba como: —Oh, bueno, no lo sé, Papá. Ella como que es muy agradable. Tuvimos una buena conversación.

Él tenía razón, por supuesto. Siempre tenía razón. Fue uno de esos momentos en el que su papá está hablando, y usted sabe que no quiere ningún tipo de interacción. Él solo quiere decirle lo que va a suceder para el resto de su vida.

Me miró un momento, y yo le devolví la mirada. Me dijo: —Sabes, hijo, tú no eres el tipo de hombre que se queda hasta tarde hablando con chicas con quienes no tiene que estar hablando. Así no es como te crie. Ese no eres tú. Hijo, sé la persona que realmente eres. Buenas noches.

Se levantó y caminó hacia su habitación. La bata desapreció en la oscuridad. Y yo me quedé en el sofá sin mucho que decir. Ese fue un momento decisivo para mí. Yo estaba en el umbral de la hombría y la independencia, y caí en cuenta de que había alguien en mi vida que tenía suficiente autoridad y preocupación y amor para decirme lo que necesitaba oír. Para decirme: —Oye, este no eres tú. Así no fue como te criamos. No vas a ser feliz si sigues por este camino. Deja de hacer lo que estás haciendo. ¡Hijo, presta atención! Sé quién realmente eres. Buenas noches".

Probablemente, usted no tuvo ese lujo. Quizá usted no tuvo un papá o una figura paternal que lo detuviera en esos momentos decisivos y le recordara quién es usted realmente. Pero, para todos nosotros, Dios quiere ser ese Padre, esa voz de autoridad, quien nos recuerda quienes somos interiormente.

¿Por qué es esto importante? Porque lo que pensamos de nosotros mismos es una de las fuerzas más poderosas en nuestra vida. ¿Nos vemos como fracasados? ¿Como de los que renuncian? ¿Como mediocres? ¿Nos vemos a nosotros mismos como exitosos? ¿Como creativos? ¿Como inteligentes?

Nuestra acciones, decisiones y emociones son el resultado natural de lo que pensamos acerca de nosotros mismos. Fluyen desde la perspectiva que tenemos de nuestra identidad. Pero con frecuencia no nos detenemos a evaluar nuestra autopercepción. No pensamos en quién nos dijo quiénes somos, o si estaba en lo correcto o equivocado en su evaluación.

Dios quiere darle *identidad a nuestra alma*. Quiere cambiarnos de dentro hacia afuera y hacernos personas nuevas. Quiere ayudarnos a vernos a nosotros mismos por quiénes somos en Él y luego vivir conforme a ello.

Piense en su identidad y de quién la obtuvo. Mucho de quién es usted es el resultado de la familia, el país, la cultura y el ambiente en el que nació. Obviamente sus decisiones desempeñan una parte inmensa en formar en quién se convertirá usted también, pero hay algo increíblemente significativo acerca del nacimiento.

Jesús le dijo a Nicodemo, un líder religioso que acudió a Él por guía espiritual una noche, que si quería conocer a Dios, tenía que "nacer de nuevo".

Eso confundió a Nicodemo, quien probablemente estaba esperando algo más teológico y menos anatómico.

"¿Cómo puede un hombre nacer siendo viejo? ¿Puede acaso entrar por segunda vez en el vientre de su madre, y nacer?" (Juan 3:4).

Nicodemo no estaba captando el punto. Jesús estaba diciendo que necesitaba tener un renacer espiritual. Necesitaba tener un reinicio de identidad al nivel del alma por Dios mismo.

En esencia, la invitación de Jesús para nacer de nuevo es un llamado a recibir una nueva identidad. Es una invitación a unirse a una nueva familia. Es una transición espiritual, pero bastante real, de pasar de vivir una vida enfocada en uno mismo a vivir una vida enfocada en Dios.

Nacemos de nuevo cuando ponemos nuestra fe en Jesús y en su obra en la cruz. En ese momento, nos convertimos en nuevas personas por dentro. Nuestra alma renace.

No tengo la intención de sonar fantasmagórico o hiperespiritual. Realmente no sé cómo describirlo. Pero si usted lo ha experimentado, sabe que es real. Dios trae nueva vida a su interior. Usted sabe que Él es real, usted sabe que Él está allí y usted sabe que lo ama. Y de pronto esa realidad invisible es más importante de lo que usted jamás entendió antes.

La nueva identidad del alma por medio de Jesús es uno de los temas del libro del Nuevo Testamento conocido como Efesios. Efesios es una carta escrita por el apóstol Pablo a los seguidores de Jesús en la antigua ciudad de Éfeso.

En su carta, Pablo, inspirado por Dios, esencialmente se sentó en un sofá en su bata y dijo: —Permítanme recordarles quiénes son ustedes. Permítanme alentarlos a recordar su identidad, abrazar su identidad y vivir conforme a su identidad.

Así que consideremos cuatro énfasis del libro de Efesios que dramáticamente le dan forma a la identidad de nuestra alma.

NUESTRA POSICIÓN EN JESÚS

La primera de estas se encuentra en la introducción de la carta.

> Bendito sea el Dios y Padre de nuestro Señor Jesucristo, que nos bendijo con toda bendición espiritual en los lugares celestiales en Cristo, según nos escogió en él antes de la fundación del mundo, para que fuésemos santos y sin mancha delante de él (Efesios 1:3–4).

Esta es solo una pequeña parte de un enorme enunciado, por lo menos en el griego original. Pablo apiló frase sobre frase, utilizando más términos y conceptos teológicos en un enunciado de lo que la mayoría de nosotros tratamos de asimilar en un año.

Aparentemente estaba un poco emocionado.

¿Por qué? Porque sabía algo acerca de estos nuevos creyentes que iba a sacudir su sentido de identidad—en una buena manera—y redefinirlos para siempre.

Les estaba escribiendo para decirles que ahora están *en*

Jesús. Pasó los siguientes seis capítulos hablando acerca de la nueva vida del creyente, pero quería establecer desde el inicio que la manera en que ellos habían obtenido esta nueva vida no había sido por su duro trabajo o buena suerte o esfuerzo propio. Fue por estar en Jesús. Usa frases como "en Él" o "en Cristo" más de treinta veces en el transcurso de esta breve carta; las conté.

Este es el primer énfasis que quiero destacar en Efesios porque tiene un efecto tan profundo sobre nuestra identidad. Nuestra postura y posición como creyentes es definida por la frase *en Jesús*.

Estar en Jesús significa que nuestra vida está definida por Jesús. Significa que cuando Dios nos ve, ve a Jesús. Significa que cuando nos evalúa, nos evalúa con base en quién es Jesús y lo que Jesús ha hecho. En Jesús somos nuevas criaturas. En Él, nuestra alma tiene una nueva identidad. En Él, tenemos bendiciones y beneficios más allá de lo que podríamos haber merecido por nuestra cuenta.

Honestamente, eso es asombroso. ¿Realmente Dios nos ve y nos acepta y nos trata como a Jesús? Esto es bastante difícil de creer cuando uno está leyendo la Biblia o sentado en la iglesia, pero es todavía más difícil de creer cuando uno acaba de meter la pata la decimocuarta ocasión. Cuando su adicción ha vuelto y está peor que nunca. Cuando sus acciones egoístas han lastimado a los que usted ama más, y no puede entender por qué nadie lo quiere amar.

En momentos como estos, necesitamos saber desesperadamente que nuestra vida no está definida por nuestro éxito o fracaso, sino por nuestra posición en Jesús.

Hablé con un amigo hace un tiempo quien me dijo que la primera vez que su papá le dijo alguna vez que lo amaba fue justo antes de morir. Mi amigo tenía treinta años. Me dijo que siempre había supuesto de alguna forma que su papá lo amaba, pero que nunca lo había escuchado decírselo. Así que una de las últimas veces en las que vio a su padre con vida le dijo: —Papá, te amo.

Y su papá le respondió: —Yo también te amo.

Mientras mi amigo me contaba el momento, la emoción se acumuló dentro de él. Yo podía ver lo que significaba para él saber que su papá lo aceptaba y lo amaba. Treinta años de preguntárselo, y en un instante supo que era amado.

Encuentro que muchos seguidores de Jesús todavía no están seguros. *¿Dios me ama? ¿Me va a apoyar? ¿Estoy bien? ¿Tuve una mala semana y Dios me ha echado del vecindario? ¿Todavía nos podemos hablar? ¿Estoy fuera?*

Pablo enfatizó a lo largo de su carta que nuestra posición delante de Dios no está definida por nuestras acciones, sino más bien por esa frase sencilla: en Jesús. Somos escogidos y aceptados y protegidos en Él. Nuestro buen comportamiento no nos ganó la aceptación de Dios y nuestro mal comportamiento no puede hacer que dejemos de merecerla.

Cuando Dios el Padre nos mira, ve al Hijo, porque cuando ponemos nuestra fe en Jesús, su posición se convierte en nuestra posición. Estamos establecidos y sentados en Cristo. Somos agradables a Dios. Somos amados por Dios. Somos su "para siempre". Somos bendecidos con toda bendición espiritual en los lugares celestiales.

NUESTRO SALVADOR SUPERIOR

El segundo énfasis que afecta la identidad de nuestra alma se encuentra en la segunda mitad de la oración de Pablo.

La cual operó en Cristo, resucitándole de los muertos y sentándole a su diestra en los lugares celestiales, sobre todo principado y autoridad y poder y señorío, y sobre todo nombre que se nombra, no sólo en este siglo, sino también en el venidero (vv. 20-21).

La gente que componía esta comunidad de seguidores de Jesús en Éfeso eran principalmente nuevos creyentes. Tenían poco o ningún entendimiento de la historia de Israel o del pueblo judío. No crecieron escuchando cómo Dios sacó a Israel de Egipto y los convirtió en una gran nación, o cómo un día el Mesías los salvaría. Eran lo que la Biblia llama gentiles o no judíos.

Antes de seguir a Jesús, es muy probable que hubieran estado involucrados en el ambiente místico, mágico, supersticioso de su época. Como los humanos en todas partes, estarían acostumbrados a tratar de encontrarle sentido a la vida con nada, excepto materialismo, lógica e ideas humanas como guía.

¿Cuál es el resultado lógico de ese tipo de estilo de vida? Tarde o temprano, suele terminar generando temor y estar a la defensiva. Una perspectiva predicada sobre el entendimiento humano no puede producir confianza o un sentido de identidad porque por definición esa perspectiva es tan falible y limitada como nuestra humanidad.

Estos efesios habían dejado de seguir sus propias conclusiones y supersticiones y en lugar de ello estaban siguiendo a Jesús. Pablo escribió con potencia y urgencia y pasión para hacerles saber que la manera en que funcionaban antes no era la manera en la que funcionarían con Jesús. Las cosas eran fundamentalmente distintas. Pablo escribió para decirles: —Jesús es más grande y mejor que todos esos otros dioses y creencias.

Ustedes tienen un salvador superior. Están siguiendo a alguien que no solamente *puede* salvarlos, *quiere* salvarlos y *va* a salvarlos.

Pablo les dijo que el poder de Dios es inmensamente grande; que Él está trabajando a nuestro favor, y que Jesús está sentado en lugares celestiales sobre todo y cada poder y autoridad.

Leemos versículos como este y pensamos: *Dios es asombroso y grande y poderoso.* Suponemos que Dios quiere que estemos asombrados por lo maravilloso que es.

Pero no creo que esa sea la única razón por la que estos versículos están aquí. Dios quiere que comprendamos lo grande que es porque su grandeza tiene implicaciones profundas para nosotros. Cuando lo vemos por quién es Él realmente, cuando comenzamos a entender la trascendencia de su fuerza y lo abrumadora que es, no podemos sino encarar la vida con una mayor confianza.

Este gran Dios está de nuestro lado. No estamos sujetos a la misma suerte y destino que cualquier otro ser humano en el planeta. Hemos sido trasladados del reino de temor, suerte, esfuerzo propio y tinieblas, al Reino de luz. Seguimos a un Dios que está mucho más arriba en autoridad y poder, mucho más arriba que cualquier nombre que se nombra, no solo en esta era, sino en la por venir. Jamás habrá un nombre mayor que el de Jesús.

Este es el Dios que seguimos. Y si seguimos a este Dios, estamos seguros. Estamos a salvo. Este Dios es confiable y digno de confianza. Podemos encontrar reposo, podemos encontrar paz y podemos encontrar tranquilidad en Él. Viviremos en una manera diferente una vez que entendamos esto. Va a cambiar la manera en que nos vemos a nosotros mismos y nuestro futuro. Comenzaremos a esperar cosas buenas, porque el Dios que gobierna el universo está con nosotros y por nosotros.

Muchas personas están a favor del optimismo, pero esto va más allá del optimismo. Estoy hablando acerca de confiar en un Dios real y personal. Un Dios que es bueno incluso cuando suceden cosas malas. Un Dios que es digno de confianza cuando la vida se siente incierta y azarosa. Ninguna circunstancia y ningún obstáculo cambia el hecho de que tenemos un Dios confiable y un Salvador superior.

UNA SALVACIÓN TAN GRANDE

Cuando era niño, mis padres eran brillantes para esconder el hecho de que no teníamos mucho dinero. Yo no tenía idea. Yo pensaba que teníamos mucho dinero. Luego descubrí que mi abuela nos ayudaba regularmente.

Mis padres no mentían acerca de ello y no estaban avergonzados por ello. Simplemente escogían enfocarse en lo que sí teníamos. Así que cada vez que pedíamos algo fuera de su presupuesto ("¡Vamos a Disneylandia!", o: "¡Compremos un coche nuevo!"), ellos simplemente decían: —No vamos a hacer eso en este momento. Hemos decidido no invertir dinero en eso.

Cuando crecí, caí en cuenta de que era porque teníamos poco dinero. No obstante, éramos muy bendecidos. La Navidad estaba llena de regalos, y yo siempre tenía los tenis de moda; simplemente no sabía que venían de la abuela.

Recuerdo unas vacaciones cuando tenía unos ocho años. Estábamos en Sacramento, California, en casa de mis abuelos. Era hermosa, y tenía una piscina, y todo era maravilloso. Seguramente, mi hermana Wendy y yo habíamos estado comenzando a quejarnos de lo que ellos tenían y de lo que nosotros no teníamos, porque mi papá nos sentó para una pequeña "conversación". Si había algo que mi papá odiara era que nos sintiéramos con derecho. En nuestra familia no se permitía una actitud de reclamación. Teníamos que ser agradecidos.

Así que nos sentó, y durante una hora y media nos dijo lo bien que estábamos sin eso. Por cierto, el peligro de tener un papá que es predicador es que uno va a terminar recibiendo una predicación sea que lo quiera o no. La mayoría de la gente decide si quiere ir a la iglesia a escuchar al pastor, pero los hijos del pastor no se pueden dar ese lujo. Y si no cumplen o responden al llamado al altar, están en peligro de sufrir daño físico. Así es cómo funciona como hijo de pastor.

Papá nos contó acerca de su niñez y del poco dinero que tenía su familia. Nos dijo: —Chicos, una Navidad no teníamos dinero para los regalos, así que conseguimos piezas de madera y tallamos juguetes para regalarnos algo entre nosotros.

Yo contesté algo como: —Eso suena asombroso.

Era de lento aprendizaje.

Nos dijo: —Cuando su mamá y yo nos casamos, no teníamos dinero. Vivimos un mes entero a granola y agua.

Yo levanté la mano.—Papá, ¿se comían la granola en el agua? ¿O se comían la granola y luego se tomaban el agua?

Él dijo: —¡Ese no es el punto, hijo!

En retrospectiva, estoy muy agradecido por mis padres, y estoy agradecido por el don del agradecimiento. Sé que todos hemos escuchado esto antes, pero necesitamos recordar de dónde venimos. Necesitamos caer en cuenta de lo bien que estamos. Necesitamos reconocer el avance que hemos tenido. Es probable que no estemos donde deberíamos estar o donde quisiéramos estar, pero algunas veces simplemente necesitamos detenernos y decir: —Gracias, Dios, porque estoy donde estoy.

Me parece que Pablo estaba haciendo exactamente esto en Efesios 2. Aquí es donde encontramos el tercer énfasis que le da forma a la identidad de nuestra alma: *nuestra gran salvación.*

> Y él os dio vida a vosotros, cuando estabais muertos en vuestros delitos y pecados [...] entre los cuales también todos nosotros vivimos en otro tiempo en los deseos de nuestra carne, haciendo la voluntad de la carne y de los pensamientos, y éramos por naturaleza hijos de ira, lo mismo que los demás. Pero Dios, que es rico en misericordia, por su gran amor con que nos amó, aun estando nosotros muertos en pecados, nos dio vida juntamente con Cristo (Efesios 2:1, 3-5).

Comienza sonando un poco negativo. Usa términos como *muertos, delitos y pecados e hijos de ira*. No estaba de mal humor. Solo quería que sus lectores entendieran plenamente lo mucho que habían avanzado.

Algunas veces nos gusta pensar que nos estaba yendo bastante bien antes de Dios, y que cuando encontramos a Dios, mejoramos todavía más. En realidad, estábamos muertos y perdidos e indefensos, entonces Dios nos cambió y nos cambió completamente.

Somos nuevas personas, nacidas de nuevo desde dentro hacia afuera. No somos versiones remodeladas o blanqueadas de nuestro antiguo ser. Nuestra alma ha nacido de nuevo. Ha sido hecha nueva. Usted es un nuevo usted y yo un nuevo yo.

El versículo 4 no podía ser más claro. Comienza con: "Pero Dios...". En otras palabras, Dios hizo toda la diferencia. Nuestra vida quedó partida en dos como la historia misma: antes de Jesús y después de Jesús. Solíamos estar muertos; ahora estamos vivos. Solíamos seguir las pasiones y deseos de la carne; ahora seguimos a Jesús. Solíamos ser hijos de ira; ahora estamos sentados junto a Jesús, adoptados en la familia de Dios por la eternidad.

Pero Dios. Ese es el fundamento del evangelio. Esta es la mayor revelación que alguna vez necesitaremos del amor y cuidado y preocupación de Dios por nosotros. Dios nos encontró y nos salvó. Tomó la iniciativa y brindó la solución.

Pablo continuó: "Porque por gracia sois salvos por medio de la fe; y esto no de vosotros, pues es don de Dios; no por obras, para que nadie se gloríe" (vv. 8–9). Les recordó a estos nuevos creyentes que su alma había sido salvada y que su salvación no estaba en riesgo. Entonces cuando servían a los ídolos y a la suerte ciega y al materialismo, tenían una buena razón para temer. Esas cosas no les podían prometer salvación. Pero Jesús es distinto. Su salvación era segura porque estaba fundada en la obra terminada de Jesús en la cruz. Era por gracia a través de la fe.

Nuestro duro trabajo y buenas obras e inteligencia nunca nos podrían haber salvado. Nuestra salvación comenzó con Dios, continúa con Dios y será completada por medio de Dios. No son nuestras obras lo que nos salvó, entonces no son nuestras obras (o falta de ellas) lo que nos puede hacer perder la salvación. La salvación pone a toda la humanidad en el mismo nivel. Es por gracia y solo por gracia. Es un don de Dios.

De nuevo, tenemos que dejar de ser nuestros propios peores enemigos. Nuestros pecados—pasados, presentes y futuros— son perdonados. No somos cristianos porque vivamos como cristianos; somos cristianos porque aceptamos el regalo de salvación. Hemos llegado a conocer a Dios a un nivel experiencial, auténtico.

Sí, seguir a Jesús produce cambios genuinos en nuestra vida. Eso es inevitable. Pero nuestro comportamiento externo y nuestras emociones internas posiblemente no siempre estén a la altura de quiénes somos por dentro. Todos estamos en un proceso y todos estamos en una travesía. A veces, no vivimos como personas nuevas ni nos sentimos como personas nuevas. Pero eso no cambia la realidad de que *somos* personas nuevas. Nuestra alma ha nacido de nuevo.

¿Por qué nuestra salvación es tan grande? Porque es un regalo. Es obra de Dios, no nuestra.

Tenemos una salvación tan grande porque tenemos un Dios tan grande.

PERTENECEMOS

El primer capítulo y medio de Efesios describe a un detalle que deja sin aliento la postura del creyente en Jesús, la superioridad de nuestro salvador y la trascendencia de nuestra salvación. Entonces la carta cambia de velocidad y se enfoca en el cuarto énfasis final que moldea la identidad de nuestra alma: la comunidad en la que estamos establecidos.

Como dije antes, estos nuevos creyentes eran gentiles. No eran judíos, de modo que estaban afuera viendo hacia adentro. Pero en el instante en que pusieron su fe en Jesús, se volvieron parte de la familia. En un nivel espiritual-alma pasaron de ser de los de afuera a ser de los de adentro. Ahora eran parte de una familia que incluye a héroes de la fe como Abraham, Moisés, Rut y David.

La Traducción en Lenguaje Actual parafrasea Efesios 2:16–18 así:

> Por medio de su muerte en la cruz, Cristo puso fin a la enemistad que había entre los dos grupos, y los unió, formando así un solo pueblo que viviera en paz con Dios. Cristo vino y anunció las buenas noticias de paz a todos, tanto a ustedes, que no son judíos y estaban lejos de Dios, como a los que son

judíos y estaban cerca de él. Por medio de lo que
Jesucristo hizo, tanto los judíos como los no judíos
tenemos un mismo Espíritu, y podemos acercarnos
a Dios el Padre.

Eso está bastante sencillo, ¿no es así? Una vez que usted
pone su fe en Jesús, ya no es un exiliado que deambula por
allí. El Reino de fe de Jesucristo es ahora la patria de usted.
Ya usted no es un extraño o un forastero, pertenece aquí, con
tanto derecho al nombre cristiano como cualquiera.

¿Qué tan poderoso es eso? Somos parte de la familia de
Dios. Tenemos ancestros espirituales, padres espirituales, hermanos espirituales. Ya no somos de los de afuera viendo hacia
adentro. Ya no somos intérlopes o intrusos. Tenemos tanto derecho como cualquiera de estar aquí.

Pertenecemos.

Entre más pastoreo, y más hablo con la gente, más me con-
venzo de que pertenecer es una necesidad fundamental del
alma humana. Muchas personas están dispuestas a hacer
cualquier cosa o sacrificar lo que sea solo para sentir que
pertenecen.

Dios quiere que usted sepa que no tiene que hacer nada
para pertenecer. Usted pertenece tal como es. Ya es parte de
su familia gracias a su fe en Jesús. No se encuentra a prueba.
No es aceptado condicionalmente. Su caso no vendrá a ser
revisado. Usted ya fue aceptado, y su aceptación es incondicional e irrevocable. Eso le dará forma y definirá su alma más
que cualquier otra cosa.

Demasiadas veces como cristianos damos la idea de que
la gente primero tiene que *comportarse* y *creer* en la manera
correcta antes de que puedan *pertenecer* a nuestras comuni-
dades. No lo hacemos a propósito, pero nuestras reacciones

cuando vemos sus defectos casi no dejan duda de que son de los de afuera.

Inconscientemente creamos niveles de cristianismo. Lo llamamos madurez cristiana, pero en realidad es una manera de categorizar—y finalmente de incluir o excluir—personas a nuestro alrededor con base en estándares arbitrarios de conducta o de conocimiento bíblico.

—Ah, ¿esa es tu novia con la que estás viviendo? ¿No es tu esposa?

Tratamos de no parecer escandalizados: —Uh, está bien. Ajem, ¿felicidades?

Y nos preguntamos si deberíamos decirles ahora o más tarde que lo que están haciendo está mal y es abominable y ofensivo. Pero no solemos tener la necesidad de decir nada, porque la gente puede sentir nuestros pensamientos en un instante. Pueden darse cuenta de que no dan la talla o de que no son como los chicos populares.

Mientras tanto, nosotros podríamos estar batallando con lujuria u orgullo en nuestro interior, pero como nos las hemos arreglado para mantener nuestras acciones externas más o menos vigiladas, sentimos que nos está yendo mejor que al tipo que está acostándose con varias mujeres o que a la chica que es adicta a las drogas.

Ese no es el espíritu de Jesús. Quien vino a derribar las paredes y barreras, no a construir más de ellas. Él vino a nivelar el campo de juego.

Con Jesús, nosotros *pertenecemos*. Antes de que hayamos hecho cualquier cosa bien, antes de que hayamos comprendido la doctrina, antes de que nuestra vida este limpia: somos suyos y Él es nuestro. Somos nuevas criaturas en Jesús. Nuestra alma es hecha nueva. Tenemos nueva identidad.

Y como resultado de esa novedad, comenzamos a *creer* lo

correcto. Aprendemos un poco de doctrina. Comenzamos a conocer la Biblia. Quizá nos tome un rato, pero el Espíritu Santo nos enseña y nos guía al conocimiento de Dios. Finalmente terminamos *comportándonos* o actuando conforme a nuestra fe. Nuestra vida demuestra un cambio real y duradero. No porque seamos tan autodisciplinados, sino porque nuestras relaciones con Jesús orgánica y sobrenaturalmente generan el cambio.

La progresión bíblica es primero gracia, luego fe, después obras. Ese es el orden divino. Dios nos da su gracia y respondemos en fe, y finalmente nuestra fe y nuestra relación con Dios producen un estilo de vida saludable, santo.

Si hacemos del comportamiento la calificación para pertenecer, contradecimos la manera en que Dios mismo obra. Ese es un pensamiento atemorizante.

Pablo quería que estos nuevos convertidos supieran—y Dios quiere que *nosotros* sepamos—que cuando comenzamos a seguirlo, instantáneamente nos volvimos parte de su familia. Tenemos hermanos y hermanas y padres y madres en la fe. Cientos de generaciones nos han precedido. Estamos rodeados por una innumerable, inconmensurable familia de creyentes en Jesús que nos aman, nos apoyan y creen en nosotros.

La iglesia no es un edificio. No es una religión o una organización. No es un lugar para encontrar entretenimiento con tema espiritual o guardería gratuita el domingo por la mañana.

Es una *familia*.

Dios está construyendo un hogar para la humanidad suficiente donde todos son bienvenidos. Está creando una comunidad en la que todos son amados, donde todos aman, donde nos servimos unos a otros y lloramos unos con otros y nos reímos juntos y vivimos juntos.

Algunos de los mayores desafíos que enfrenta nuestro mundo hoy es el racismo y la discriminación. Pero imagínese lo que una comunidad como esta haría para romper las barreras artificiales, irracionales, del prejuicio que ha construido el temor. Imagínese la reconciliación y unidad que este espíritu de pertenecer traería a la gente solitaria, rechazada o que sufre. Escrituras como estas podrían sanar nuestro país. Podrían sanar al mundo.

Jesús derriba las murallas que usamos para mantenernos separados. La iglesia es un lugar seguro donde podemos ser nosotros mismos, incluso en nuestro estado defectuoso. Podemos reunirnos y encontrar sanidad, amor, reconciliación y perdón.

En Jesús, ya no estamos solos. Nuestra alma ha sido hecha nueva, y pertenecemos a esta gran familia.

A través de Jesús, nuestra alma es hecha nueva. Somos redefinidos y renacidos. Dios ha resuelto el problema del pecado y nos ha dado todo lo que necesitamos para tener una identidad del alma saludable:

- Tenemos nuestra identidad establecida firmemente en Jesús, la fuente y definición de quiénes somos realmente.

- Tenemos un salvador quien es superior a toda autoridad y poder, y quien declara que somos bienaventurados y aprobados.

- Tenemos una salvación que es grande, que es completa, final y gratuita.

- Tenemos una comunidad de seguidores de Jesús a la que pertenecemos incluso si no creemos o nos comportamos exactamente bien.

A la luz de todo lo que Dios nos ha dado, podemos enfrentar el futuro con una nueva seguridad y confianza. En Jesús, eres un nuevo tú y yo soy un nuevo yo, nuestra alma está destinada a florecer.

UN TRABAJO INTERNO

De chico yo era terrible para hacer mis obligaciones domésticas. No era culpa de mis padres; trataron muchas veces de entrenar a su hijo único para ser responsable alrededor de la casa. A mi papá le encantaba dibujar y diseñar y hacía las tablas más maravillosas de deberes domésticos. Visualmente, eran muy motivantes y atractivas. Trataba de usar esas tablas. Realmente lo hacía. Cada vez que mi papá me hacía una, yo me proponía seriamente seguirla. Pero un par de semanas después, la tabla caía inevitablemente en desuso y se deterioraba.

Pasaban seis meses más o menos, y mi mamá decidía —otra vez— que yo necesitaba ayuda alrededor de la casa y aprender a tener carácter y a desarrollar una ética de trabajo. Así que mi papá me diseñaba otra tabla asombrosa.

Ese ciclo se repitió varias veces hasta que me casé. Ahora Chelsea es la que trata de alentarme a ser un miembro de la casa que aporte su trabajo; nuevamente, con poco éxito. Como dije antes, realmente no hago muchas cosas con mis manos. Mi esposa recientemente me dio una tarjeta de San Valentín que en el frente decía algo como: "Para mi marido que mata los insectos, arregla el coche, repara la plomería y construye la casa", y la abrí y dentro decía algo que no puedo repetir, pero que daba entender que a pesar de que no puedo hacer ninguna de esas cosas me amaba de todos modos. Básicamente, soy bueno en hablar y en ser romántico y nada más.

Cuando era niño, solo había un deber doméstico que siempre hacía. Era sacar la basura. Esa era mi aportación a mi familia. En nuestro vecindario, el miércoles era el día de recolección. El miércoles en la madrugada, para ser preciso, mucho antes de que saliera el sol. Naturalmente, siempre se me olvidaba sacar la basura hasta la media noche del martes por la noche. Lo peor era que a veces me despertaba sudando frío a las cuatro de la mañana del miércoles y me daba cuenta de que el sol todavía no salía, pero que el hombre de la basura estaría allí en cualquier momento. Y si no sacaba la basura, iba a estar en muchos problemas.

La razón por la que estaría en muchos problemas sería porque cuando Mamá se enojaba, Papá se enojaba todavía más. Mi papá se enojaba porque yo hacía enojar a su esposa. Estoy seguro de que él pensaba: *Mi vida ya es difícil, y tú la estás haciendo todavía más difícil. El matrimonio de por sí ya es difícil sin que me ayudes, hijo.*

Estoy seguro de que existe una dinámica similar en la mayoría de los matrimonios. El esposo se enoja con los niños o con quien sea el culpable, porque hicieron enfadar a la mujer con la que duerme, y eso nunca resulta bien para el marido.

Así que, inevitablemente, yo sacaba la basura en la más densa oscuridad. Ahora bien, a mí no me gusta la oscuridad. No me gustaba entonces y no me gusta ahora. Algunas personas disfrutan la oscuridad. Abrazan la oscuridad. Eso es ligeramente perturbador.

Prefiero el sol y la luz. Me gusta ver lo que está sucediendo.

Y si hay algo allá afuera que me va a matar, me gustaría tener la oportunidad de verlo venir.

¿Le tengo miedo a la oscuridad? No dije eso. Solo dije que no prefiero la oscuridad.

Teníamos dos botes de distintos colores. Cada semana, los sacaba a unos cincuenta pies o quince metros de la casa hacia la acera. Solía estar oscuro, como ya mencioné, y como era en el noroeste, con frecuencia era ventoso y frío.

No obstante, al salir yo era valiente. Despreocupado. Tenía los ojos abiertos y la cabeza alzada, y era dueño de esa entrada. ¿Oscuridad? Sin problemas. Acomodaba los botes, y luego me quedaba en la acera un segundo y con calma estudiaba la oscuridad.

Y comenzaba a preguntarme qué había allá afuera. Y si era peligroso.

Y si se estaba acercando.

Cada vez, me espantaba. Y me decía a mí mismo: *No hay nadie allá afuera, Judah. Nadie está en los matorrales. Estas a cincuenta pies o quince metros de la casa. Relájate. Tienes encendidas las luces del porche. ¿Qué te pasa, hermano?*

Y cada vez, sin falla, corría lo más fuerte que podía de regreso al garaje. Yo estaba en el equipo de baloncesto en esa época, pero mis tiempos de esprint más veloces siempre eran los esprintes de cincuenta pies o quince metros a la seguridad de la casa.

Me metía al garaje tan rápido como podía y oprimía el botón de la puerta. Luego me recargaba contra la puerta que llevaba del garaje a la casa, esperando que la puerta del garaje terminara de bajar, pero nunca era lo suficientemente rápido. Era la espera más larga de mi semana. Era como uno de esos sueños en lo que uno está en un peligro terrible y todo se mueve en cámara lenta excepto los tipos malos. *Baja más rápido. ¡Más rápido! ¡Ahí viene! ¡Va a tratar de meterse! ¡Aaaaaah! Clic.*

Entonces recuperaba mi compostura emocional y entraba a la casa como si nada hubiera sucedido. Si mis padres ya se hubieran despertado, mi mamá me diría: —¿Sacaste la basura, Judah?

—Sí, Mamá, sin problemas.

Ella poco sabía que mi vida pendía de un hilo en esos cincuenta pies o quince metros. Lo que de hecho yo quería decir era: —De hecho, Mamá, casi me muero, otra vez.

Cada martes por la noche yo casi me moría.

Al recordar esos rozones semanales con la muerte, una cosa se destaca: lo inconsistente de mi paso. Primero, caminaba tranquilamente a la acera; luego corría frenéticamente al garaje; y luego entraba caminando como si nada a la casa. Sin importar cuanto me esforzara, no podía mantener un paso constante y consistente.

He notado que algunas veces mi travesía con Jesús luce como mi paso al sacar la basura. Hay días en los que camino con tan confianza y tranquilidad. Pero sin previo aviso, algo cambia en las circunstancias o mi mente genera un escenario, y paso de caminar a huir por mi vida. Algunos días camino con firmeza. Pero al día siguiente—o al momento siguiente— abandono mi paso firme y huyó en pánico.

La inconsistencia de mi alma, mi andar, mi comportamiento y mi relación con Jesús es alarmante en ocasiones. Empiezo como esta persona confiada, llena de fe, pero entonces recibo un informe negativo y de pronto Dios ya no existe. Perdemos el Super Bowl en la yarda uno, y de pronto soy un ateo. Es sorprendente lo inconsistente que soy. ¿Por qué no puedo mantener un paso firme?

UN ALMA QUE CAMINA

Nuestra alma necesita consistencia. Necesita un andar firme y un paso constante. Pero el alma humana es inconstante por naturaleza. Es voluble.

La historia de mí llevando el bote de basura con calma a la acera solo para correr de regreso gritando es simplemente el alma humana en exposición. Uno de los mayores problemas con los que nuestras almas tienen que lidiar en la vida no es la presencia de circunstancias negativas, sino con la manera en que esas circunstancias interfieren con nuestro andar.

La Biblia con frecuencia describe nuestro acercamiento hacia la vida y Dios usando la metáfora de caminar.

> Y andad en amor, como también Cristo nos amó, y se entregó a sí mismo por nosotros [...] Mirad, pues, con diligencia cómo andéis, no como necios sino como sabios aprovechando bien el tiempo, porque los días son malos (Efesios 5:2, 15–16).

Pablo les dijo a los creyentes efesios que la meta es caminar. No correr, no hace run esprint, no esconderse, no huir, no escapar; simplemente andar. Eso podría sonar un poco aburrido, pero a largo plazo es altamente eficaz. Solo pregúntele a la tortuga.

Andar implica que nuestra alma está experimentando un avance firme y controlado. Significa que estamos progresando. Significa que en lugar de correr para cubrirnos cada vez que aparece una amenaza, somos estables, tomamos buenas decisiones y tenemos una perspectiva positiva del futuro. Con firmeza y seguridad estamos avanzando.

Pablo invitó a estos antiguos efesios a vivir una vida

consistente. Escuchen su lenguaje. Dijo: "Mirad, pues, con diligencia cómo andéis". Quería que su audiencia hiciera un inventario por unos instantes. Quería que se preguntaran a sí mismos: *¿Qué tal luce mi comportamiento diario? ¿Qué tan consistente es? ¿Cuál es mi paso? ¿Tengo enormes y terribles puntos bajos? ¿Tengo días en los que mis comportamientos, pensamientos y sentimientos son dramáticamente distintos de los demás días? ¿Qué tanto me influencia mi estatus financiero? ¿Qué tanto me afectan las percepciones de las personas o los chismes acerca de mí? ¿Qué tan movido soy por lo que me rodea o por los informes positivos o negativos o por las noticias o por llamadas de los parientes distantes? ¿Qué tan consistente soy en mi andar con Jesús?*

Esto no es algo divertido que investigar, francamente. Con mucha rapidez puede volverse desalentador considerar la semana y preguntarse qué tan consistente fue. Si su disposición y personalidad se parecen en algo a la mía, eso es lo último que usted quiere hacer.

Pero eso es justo lo que Pablo estaba diciendo que yo debería hacer: —Quiero que consideren su estilo de vida. No su comportamiento el domingo por la mañana, sino su comportamiento diario. Examine la constancia y la continuidad del andar de su alma. ¿Es usted estable? ¿Es usted consistente? ¿Está haciendo lo que Dios quiere? ¿Está progresando?

Con frecuencia, preferiríamos hablar acerca de lo valientes que somos. Cuánta fe tenemos. Cuánto amor y esperanza y misericordia y gracia tenemos. Esos son términos más atractivos que *estabilidad* o *consistencia*. Y, no obstante, este pasaje está diciendo que necesitamos con diligencia hacer un inventario de nuestro andar diario.

ESTOY SEGURO

La palabra *andar*, como dije antes, implica progreso. El problema con el progreso es que con frecuencia es inconmensurable e invisible. Sin embargo, no nos gusta pensar eso. Tendemos a igualar el progreso con alcanzar marcas tangibles y visibles. Queremos medirlo, cuantificarlo y predecirlo.

Con respecto al andar de nuestra alma con Dios, queremos ver ese progreso cuantificable. Esperamos ser *mejores*: mejores maridos, mejores esposas, mejores padres, mejores empleados, mejores seres humanos.

Eso sucederá, por supuesto. Y cuando sucede, es maravilloso. A medida que pasemos tiempo con Dios, avanzaremos. Cambiaremos y mejoraremos. Pero tenemos que recordar que el punto de nuestro andar con Dios no es llegar. El punto es andar. El punto es estar en una relación con Dios y experimentar la vida juntos. El crecimiento y el cambio son excelentes, pero no son las metas principales.

En el andar de nuestra alma con Dios, la consistencia es más importante que el crecimiento. Si solo nos mantenemos en la pista, llegaremos adónde Dios quiere que vayamos. Quizá haya algunos altibajos y reveses y obstáculos a lo largo del camino, pero no nos detendrán. Dios ve todo el viaje desde el principio hasta el final, y está más enfocado en el paso y firmeza de nuestro caminar con Él que en alcanzar alguna marca externa.

En otra de las cartas de Pablo, esta para la iglesia de Filipo, escribió: "Y estoy seguro de que Dios, quien comenzó la buena obra en ustedes, la continuará hasta que quede completamente terminada el día que Cristo Jesús vuelva" (Filipenses 1:6).

Leí esto hace un tiempo, y esa frase me detuvo: "Estoy seguro". Al parecer Pablo no tenía dudas. Estaba totalmente convencido y confiando en que Dios terminaría lo que comenzó en estos seguidores de Jesús.

Mi primer pensamiento cuando leí esto fue: *¿Estoy seguro de esto en mi propia vida?*

Esa es una pregunta importante que responder. ¿Realmente creemos que Dios comenzó algo en nuestro interior y que lo va a terminar? Si no estamos seguros solamente imagínese lo poco estable que será nuestra vida.

Sospecho que Pablo escribió esto porque había personas en Filipo que *no* estaban seguras de esto. Dios quería que Pablo les dijera que podían vivir con confianza y certeza porque Dios estaba trabajando con ellos, y que lo que fuera que Dios hubiera comenzado lo terminaría.

Algunas veces no estoy tan seguro acerca de la salud de mi interior. ¿Está Dios trabajando en mí? ¿Estoy progresando? ¿Es mi alma saludable? ¿Qué estoy sintiendo y por qué me estoy sintiendo así?

Luego me pregunto, si no puedo siquiera entender mi interior, ¿cómo puedo determinar si de hecho estoy progresando a un estado estable, más apacible? Para ser honesto, no creo que la meta de nuestro caminar con Dios es que podamos entender cada peculiaridad y reacción de nuestra alma. La meta es que adoremos y confiemos y estemos seguros de Aquel que *sí* lo entiende todo. Diseñó nuestra alma, está trabajando en ella y nos llevará a término.

Dios está trabajando en su interior. Recuerde, cuando nos vemos a nosotros mismos, tendemos a pensar de afuera hacia adentro; pero Dios piensa de dentro hacia afuera. Dios considera primero el interior. Está más preocupado por nuestra alma que por nuestro cuerpo.

También está a favor de nuestro cuerpo, por supuesto. No creo que le importe si pedimos conservar nuestro cabello más allá de los cuarentas o adelgazar diez libras o cinco kilos antes de la temporada de bañador. Pero su prioridad está en nuestro interior, porque nuestro interior afecta todo lo demás. El cristianismo es principalmente un trabajo interno. Seguir a Jesús es primero y sobre todo una operación interna. Dios nos está cambiando de dentro hacia afuera. Él es la única fuente de un andar consistente y un alma consistente. Tengo que admitir, que no siempre vivo como si lo creyera. Digo que lo creo y pienso que lo creo, pero muchas veces me obsesiono con hacer y crecer y lograr como si el cambio dependiera de mí.

A la naturaleza humana no le gusta admitir que nuestro avance y nuestro crecimiento está en manos de Dios. Queremos arreglarnos a nosotros mismos. Y si no podemos arreglarnos a nosotros mismos por dentro, con frecuencia nos conformamos con la imitación barata llamada comportamiento externo. El resultado final de este método es forzarnos a nosotros mismos—y a otros—a lucir y actuar en cierta manera. Por cierto, eso se llama legalismo o considerarse justo a sí mismo, y en la Escritura no es considerada una cualidad de carácter positiva.

Aquí está Filipenses 1:6 nuevamente: "Y estoy seguro de que Dios, quien comenzó la buena obra en ustedes, la continuará hasta que quede completamente terminada el día que Cristo Jesús vuelva". Miremos más de cerca lo que tiene que decir este versículo con respecto al progreso y constancia de nuestra alma.

EL QUE COMENZÓ

Primero, note la frase: "Dios, quien comenzó la buena obra en ustedes". En otras palabras, nuestro andar con Dios comienza con Dios. Esto es primordial. Esto es fundamental. Nuestra conexión con Dios comenzó con Dios.

Algunas veces decimos: —Yo llevé a esa persona a Jesús.

Eso es excelente. Pero no es cierto. Jesús es el que lleva a la gente a Jesús. Dios conecta a la gente con Dios. Comienza con Él.

Déjeme llevarlo un paso más arriba. El hecho de que usted esté leyendo este libro en este momento, sea que usted se llame a sí mismo un cristiano o un seguidor de Jesús o no, es prueba para mí de que Dios ya inició algo en su vida. Dios está trabajando en usted.

Dios se lleva todo el crédito, toda la gloria y toda la adoración porque todo comienza con Dios. Si usted considera el relato de la creación del Génesis, usted cae en cuenta de que todo este universo es para Dios, se trata de Dios y es por medio de Dios. Existimos para adorar a Dios y caminar con Él.

Comenzó es un término doctrinal importante. Todo comienza con Dios. "En el principio creó Dios [...]" (Génesis 1:1). Todo lo que hacemos es predicado en el hecho de que confiamos en un Dios viviente y lo seguimos, un Dios real que es lo suficientemente grande como para comenzar un proceso en el alma humana y lo suficientemente fiel para terminarla.

Esto es más bien extraño para la mente y la experiencia humanas. Estamos acostumbrados a tomar lo que queremos, hacer que las cosas sucedan, ser de los que inician las cosas por sí mismos y se mejoran a sí mismos. Algunas veces es difícil creer que Dios comenzó esto incluso antes de que estuviéramos al tanto de Él. Dios nos escogió. Dios se reveló a nuestro corazón. Nos atrajo a Él. Nuestro progreso no comenzó con nosotros, y no depende de nosotros. Todo regresa a Dios.

LA BUENA OBRA EN USTED

¿Dónde comenzó Dios su obra? Comienza en usted y *en mí*. Dios es más que capaz de transformar a la gente en el interior. Eso significa que no tenemos que forzar a nadie—incluyéndonos—para creer, parecer, actuar o hablar en cierta forma. Esa es responsabilidad de Dios. Esa es su descripción de puesto, y es realmente bueno en ello.

Esto puede ser frustrante, porque muchos de nosotros hemos descubierto que una pequeña dosis de amenazas y condenación pueden llegar bastante lejos. Podemos culparnos a nosotros mismos y a otros para hacer cambios bastante significativos.

¿Entonces por qué esperar en Dios? ¿Por qué no simplemente forzar el cambio en cualquiera manera que podamos?

Porque este tipo de cambio es el único cambio auténtico, permanente, a nivel del alma. Podemos cambiar por fuera, pero solo Dios puede cambiar el interior.

Las críticas más fuertes de Jesús fueron para los fariseos. Estos tipos eran famosos en todo Israel como los mejores seguidores de Dios de la historia. Sus acciones y doctrinas eran impecables y se aseguraban de que todos lo supieran. No obstante, Jesús los llamó sepulcros blanqueados, guías de ciegos, necios, hipócritas, víboras y sepulcros que no se ven (Lucas 11:44).

Creo que Jesús utilizó tales fuertes palabras porque vio un peligro genuino. Meramente arreglar lo externo podría hacernos ver bien y sentir bien un rato, pero finalmente el tiro sale por la culata. La pintura se cae y las grietas y los defectos siguen allí.

Dios comienza profundamente en el interior, y toma tiempo para que se manifieste en el exterior. Tendemos a estar de prisa para arreglar el exterior porque el exterior es vergonzoso. El exterior nos mete en problemas. Dios planea arreglar el exterior, pero se va a tomar su tiempo para llegar a ello.

LA PERFECCIONARÁ

Lo que Dios comienza lo termina. Piense en ello. Usted no puede encontrar un solo lugar en la Biblia donde Dios haya comenzado algo y haya dicho: —De hecho, cambié de opinión. Perdí el interés. Es demasiado trabajo. Renuncio.

Ahora bien, si usted es como yo, he comenzado muchas cosas que no he terminado. No tengo idea cuántas cosas he comenzado y luego pensé: *Estoy aburrido.*

Pero Dios no. Él termina lo que empieza. En uno de los últimos versículos de la Biblia, Jesús dice de sí mismo: "Yo soy el Alfa y la Omega, el principio y el fin, el primero y el último" (Apocalipsis 22:13). En otras palabras, esto es tan inherente a quién es Dios que se llama a sí mismo el inicio y el final. Se nombra a sí mismo el A a la Z. Dios es el principio y el final y todo lo de en medio.

Si Dios comenzó una obra en usted, puede estar seguro de que tiene el propósito de perfeccionarla. Sus líos emocionales y desastres no lo toman por sorpresa. En ningún punto del proceso Él dice: —Esto es más de lo que esperaba. Estás en una peor condición de lo que pensaba. Prefiero reducir mis pérdidas y dejarte ir.

Dios lo tiene en un proceso, y está probablemente menos preocupado acerca de su avance que usted. Él puede ver el final desde el principio. Él ve todo el panorama. Quizá no siente que está avanzando, pero lo está haciendo.

Solo siga caminando. Permita que su alma sea dirigida y

guiada por Dios. Él es fiel y trabajará dentro suyo y en usted por el resto de su vida.

Algún día, "el día que Cristo Jesús vuelva", como dice Filipenses 1:6, esta vida y este andar se terminarán. Dios promete guardarlo y guiarlo por esta vida hasta que ese día aparezca.

¿ME AMAS?

Esto nos lleva a Pedro, uno de los doce hombres con los que Jesús anduvo tres años y medio. Pedro es una imagen perfecta de la travesía del alma humana. En los Evangelios, Pedro parece haber tenido un papel de liderazgo entre los demás discípulos. Era pescador, un obrero. Probablemente no provenía de los ricos o privilegiados.

Jesús llamó a Pedro y Dios comenzó a trabajar en el interior. Casi de manera ilógica, Pedro dejó las redes y renunció a todo su negocio. Este probablemente era un negocio familiar que su papá le había heredado, así que había un legado y una reputación allí. No obstante, Pedro por las palabras de Jesús, dejó las redes y todo para seguir a Jesús.

Pedro era extrovertido para decir lo menos. Tenía la tendencia de hablar cuando probablemente debía permanecer callado. Hay mucho registrado en la Escritura con respecto a los comentarios incómodos de Pedro. Uno de estos se encuentra en Mateo 26. Esta es la historia de La Última Cena. Quizá haya visto la pintura.

Como Mateo cuenta la historia, justo después de La Última Cena, cantaron un himno. No puedo imaginar que Pedro tuviera una buena voz. Simplemente no va con su personalidad. No tengo idea de si eso es cierto, pero es como lo veo en mi cabeza.

Así que Pedro está cantando a todo pulmón, y entonces

Jesús calma a todos y dice: —Necesito decirles algo. Está a punto de cumplirse. Voy a hacer lo que vine a hacer. Voy a morir. Y entonces todos me van a abandonar.

Pedro no se pudo contener y masculla: —¡No! ¡No te abandonaré! ¡Incluso si estos otros once payasos aquí te dejan, yo no! Soy fiel a ti, Jesús. Estaré contigo hasta el final, a pesar de que tenga que morir por ti.

—Pedro, de hecho, me vas a negar esta noche. Tres veces.

Horas después, Jesús es arrestado. Y Pedro se encuentra en una fogata fuera de la cárcel del condado y una joven esclava dice: —Oye, tú estabas con Jesús ¿verdad?

—¡No! —dice Pedro enfáticamente—. Nunca conocí al tipo.

¿En serio? Acaba de negar a Jesús delante de una adolescente. Las adolescentes pueden ser intimidantes, pero esto es una locura. Pedro desconoce al hombre que juró amar y proteger hasta la muerte. Más tarde, niega a Jesús todavía otras dos veces, justo como Jesús predijo. Hablando de almas humanas volubles. En una noche Pedro va de: "Voy a morir por Jesús", a: "Ni siquiera conozco al hombre".

¿Le ha sucedido esto? Lo que sale de usted lo hace cuestionar lo que está dentro de usted. Usted dice algo, o toma una decisión, o hace lo que juró que nunca haría. Al parecer no tiene nada de fuerza de voluntad ni valentía. Hace unos momentos le dijo a la gente que usted jamás haría esto; y ahora lo está haciendo.

Algunas veces en estos momentos hacemos algunas preguntas bastante profundas y oscuras. Cosa que quizá no digamos en voz alta, pero que nos preguntamos acerca de nosotros mismos. *¿Es esto real o simplemente es una religión vacía? ¿Es una estafa? ¿Realmente soy distinto? ¿He cambiado? ¿Es Jesús real, y está haciendo algo en mí siquiera?*

Porque siento que no he avanzado para nada desde que lo conocí por primera vez.

Mientras esas palabras están saliendo de la boca de Pedro, imagine lo que estaba pasando por su mente. *¿Qué? ¿De veras estoy diciendo esto? Probablemente, no sea seguidor de Jesús. Pensé que sí, pero quizá me equivoqué. ¿Cómo pude hacer algo así? ¿Que me pasa?*

Yo fui líder de jóvenes durante diez años, y muchas veces escuché a los jóvenes decirme cosas como esta: —No soy distinto a como era antes. Esto no está funcionando. No es real, y no creo que lo haya sido alguna vez. Esto no es para mí. Renuncio.

Probablemente, todos hemos estado allí. Ciertamente aquí es donde Pedro se encontró a sí mismo después de su fracaso público colosal. Así que hizo lo que hace el alma humana inconsistente con frecuencia bajo presión: huyó.

Jesús fue juzgado, condenado, crucificado y sepultado. Luego, tres días después, volvió a la vida. Este es el mejor final sorpresa en la historia de la humanidad. A lo largo de los días siguientes, Jesús se apareció varias veces a diferentes personas, incluyendo a los discípulos mismos.

No obstante, al parecer, el pobre de Pedro estaba pasando por emociones tan extraordinarias que decidió regresar a su vieja ocupación. Es posible que decidiera que no estaba hecho para ser un discípulo. Quizá estaba demasiado avergonzado por sus errores para enfrentar a Jesús. O podría ser que solo necesitaba poner en orden su cabeza.

Así que Pedro y algunos de los amigos pescaron toda la noche. Juan 21 contiene la historia narrada por el apóstol Juan. Es una repetición escalofriante de un episodio anterior en sus vidas. No pescaron nada en toda la noche y entonces un extraño en la orilla les dice que echen la red al otro lado.

Terminaron pescando una cantidad ridícula de peces, y de pronto Juan cae en cuenta: —¡Es Jesús! —grita.

Jesús siempre tuvo talento natural para lo dramático.

Pedro salta y nada a la orilla. Jesús les prepara pescado para desayunar. Nadie pregunta nada; solo miran a Jesús mientras les sirve.

Entonces Jesús dice: —Simón.

Ese era el nombre antiguo de Pedro. El nombre por el que era conocido antes de encontrarse con Jesús.

¿Qué está haciendo Jesús? ¿Se está burlando de Pedro? ¿Le está diciendo que sigue siendo el mismo que antes? No, creo que es justo lo opuesto.

Creo que Jesús le estaba recordando a Pedro cuando se conocieron por primera vez. El nombre Simón significa "caña". Jesús está diciendo: —Simón, recuerdas cuando eras un tipo común y corriente. Te conocí cuando eras una caña en el viento. Conocía tu humanidad y tus debilidades. Sabía que ibas a meter la pata algunas veces. Y de todas maneras te llamé.

—Simón hijo de Jonás, ¿me amas más que estos?

Pedro responde: —Sí, Señor; Tú sabes que te amo.

Jesús dice: —Alimenta mis corderos.

Repiten esencialmente el mismo diálogo dos o más veces. Cada vez, Pedro insiste: —Sabes que te amo.

No creo que Jesús esté cuestionado el amor de Pedro para nada. Él sabe que Pedro lo ama. La pregunta real es: ¿*Pedro* sabe que ama a Jesús?

Creo que Jesús le estaba tratando de recordar a Pedro que su caminar con Jesús era real. A pesar de las fragilidades y errores, a pesar de las emociones en conflicto, a pesar de las palabras y acciones contradictorias, Dios estaba obrando en Pedro. Ya no era Simón, la caña; era Pedro, la roca. Durante un tiempo no había actuado como roca, pero así era como

Jesús lo seguía viendo. Y Jesús tenía un futuro y un destino y un llamado para Pedro.

Estoy seguro de que Pedro tenía sus dudas. Pero Jesús amorosa y pacientemente lo ayudó a ponerse de nuevo en pie. Lo ayudó a verse como Dios lo veía.

¿No es asombroso cómo podemos convencernos a nosotros mismos de que no existe una realidad celestial? En los momentos en los que no sentimos como si nuestra alma estuviese progresando, cuando nos preguntamos por qué nuestro andar es tan inconsistente, necesitamos la misma confianza que tuvo Pablo cuando les escribió a los filipenses: —Estoy seguro de que Dios terminará lo que comenzó.

Observe que cuando Jesús encontró a Pedro en la playa, no le preguntó si era valiente. No le preguntó si estaba comprometido. No le preguntó si tenía dominio propio. Ni siquiera le preguntó si lo lamentaba.

Simplemente le preguntó si lo amaba.

Hay un mensaje allí para usted y para mí. Nuestra alma quizá flaquee a veces, pero nuestra relación con Dios es real. Dios pone su amor en nuestro corazón por Él, y solamente crecerá. Incluso cuando nuestras emociones y acciones nos traicionen, Dios conoce nuestro corazón. Ve las semillas que plantó en nosotros y la obra que comenzó en nosotros. Y tiene el plan de perfeccionarnos.

¿Está seguro de eso? Sin importar lo que usted haya hecho, lo que esté pasando o lo que hará, ¿tiene la certeza de que el Dios que comenzó una obra en el interior de su alma terminará lo que empezó?

Eso ciertamente le dará cordura. Le dará consistencia. Le dará salud en el interior.

diez

EL CIELO

Si usted tiene hijos, ¿recuerda cuando no los tenía?

Tampoco yo. La falta de sueño le hace eso a su memoria.

Sé que antes de que dos personas se pongan a propagar la especie, la vida es distinta. Las cosas son más sencillas. Más tranquilas. Más higiénicas. Antes de tener hijos, cada noche es noche para salir. La vida es una cita perpetua. Salir juntos y hacer el amor; eso es el matrimonio sin niños. ¿Es eso asombroso o qué?

La ironía es que hasta que uno tiene hijos, no sabe lo bien que se la está pasando. Uno piensa que lo sabe y que está listo. Pero nada lo prepara completamente a uno para que un tercer ser humano invada sus vidas.

Estoy bromeando. Amo a mis hijos. Dios solamente me los ha dado por una temporada, lo cual es una prueba más de su gracia. Algún día van a crecer y a mudarse, y los vamos a extrañar, pero vendrán de visita y eso será suficiente. Nuestro plan es dirigir nuestra iglesia durante otros veinte años o más, y luego Chelsea y yo nos vamos a mudar a Palm Desert para simplemente disfrutarnos y estar juntos todos los días. Es el ciclo sin fin. Hakuna Matata.

Durante cuatro años y medio, Chelsea y yo estuvimos casados sin niños. Entonces tuvimos a Zion, nuestro primogénito. Nació seis semanas antes, solo para hacer la transición mucho más enfática. Así que no solo no estábamos preparados en el sentido de que "nunca habíamos sido responsables de otro ser humano antes", no estábamos preparados en el sentido de que ni siquiera teníamos su cuarto listo ni habíamos conseguido un asiento de coche.

Como fue prematuro, pasó dos semanas en el hospital, principalmente en una incubadora. Cuando finalmente nos dejaron llevarlo a casa, lo coloqué en su asiento, que era un proceso en sí mismo.

Vagamente recuerdo que antes de tener hijos, cuando queríamos ir a alguna parte, simplemente nos subíamos al coche y nos íbamos. Y cuando llegábamos a nuestro destino, simplemente nos bajábamos del coche y entrábamos. Gloriosamente poco complicado.

No obstante, una vez que uno tiene hijos, tiene que prepararse emocional y mentalmente cuando es tiempo de salir de casa, porque ahora hay artefactos especiales diseñados para protegerlos mientras viajan en vehículos. Sin embargo, no son simplemente asientos para coche. Ya no. Son naves espaciales en miniatura. Atamos a nuestra descendencia con diecinueve cintos distintos, y los aseguramos bastante ajustados. Y ellos gritan y patalean mientras les decimos apretando los dientes:

—¡Esto es bueno para ti!

Sin embargo, en ese viaje inicial a casa, yo estaba agradecido por el asiento de coche en forma de nave espacial. Porque de pronto caí en cuenta de que los caminos estaban controlados por locos conduciendo máquinas metálicas inmensas. Mi dulce y frágil hijo estaba en peligro mortal. Creo que conduje a veinticinco millas por hora o cuarenta kilómetros por

hora todo el camino a nuestra casa. Chelsea me preguntó:
—¿Qué te pasa?

Yo contesté: —¡El mundo es tan peligroso!

Un par de semanas después, cuando tenía cuatro semanas de nacido, decidimos ir a comer con la hermana de Chelsea, Stacey. Fuimos al restaurante de hamburguesas por los viejos tiempos, porque durante el embarazo de Zion, a Chelsea constantemente se le antojaban los dedos de pollo al estilo Luisiana con queso azul y papas extra doradas de ese lugar, por lo que comíamos eso todos los días.

Estaba lloviendo, así que me estacioné frente al restaurante para dejar a Chelsea y a Stacey en la puerta. Chelsea acababa de expulsar un ser humano de su ser, después de todo, y no quería estresarla más. Entonces—siendo el maravilloso marido y padre que soy—estacioné el coche y corrí de regreso a través de la lluvia al restaurante.

Llegué a nuestra mesa. Me senté. Las dos señoras me estaban mirando con una expresión que no podía realmente entender, era como si algo anduviera mal. ¿Era porque estaba empapado? ¿Estaban admirando mi hombría y liderazgo y caballerosidad?

En ese punto, Stacey, quien estaba un poco más avanzada en el proceso de crianza que nosotros, preguntó lo obvio:
—Oye, Papá, ¿dónde está el niño?

Salí corriendo del restaurante. Quizá en mi salida hice que algún mesero tirara su charola. Mientras iba corriendo por entre la lluvia hacia el coche, escuché una sirena. *Ay no—recuerdo haber pensado—. Alguien reportó a un bebe abandonado. Cuatro semanas de ejercer la paternidad y ya voy a ir a la cárcel.*

Pero aparentemente el oficial de policía se estaba dirigiendo hacia otra parte, porque llegué al coche y no había nadie allí.

Nadie, excepto mi pobre precioso prematuro dormido en su nave espacial. Stacey todavía no me deja olvidar ese día. Este es mi punto: aprender a tomar a otra persona en cuenta es un ajuste. Hay una pronunciada curva de aprendizaje involucrada en abrir su corazón y su vida a alguien más. En la misma manera, tomar a Dios en cuenta es un ajuste. Cuando su alma comienza a considerar a un Dios eterno quien está íntimamente involucrado con su existencia cotidiana, las cosas cambian. Hay una curva de aprendizaje, y hay cambios en su pensamiento y sus prioridades.

Déjeme explicarle. Antes de Jesús, todos teníamos una prioridad: nosotros mismos. La vida se trataba de ser feliz, de sobrevivir y florecer y avanzar. Se trataba de hacer lo que queríamos. Esa es la naturaleza humana.

Pero Jesús cambia las cosas. Es inevitable. Sea que usted haya sido un seguidor de Jesús durante años o meses o semanas o si no está seguro de siquiera creer algo de lo que he escrito en este libro, Jesús tiene una manera de cambiar las prioridades y el enfoque. Entre más consideramos a Jesús, más nos damos cuenta de que la vida no se trata de nosotros mismos. La vida señala a Dios.

Como dije en el primer capítulo de este libro, nuestra alma esta en casa cuando regresa a Dios. Sí, a Dios le interesa nuestra felicidad; pero sabe que solamente encontraremos satisfacción verdadera y duradera cuando lo hacemos el enfoque de nuestra existencia.

Eso toma un poco para acostumbrarse, para ser honesto. Requiere un poco de intencionalidad. Tenemos que aprender cómo tomar a Dios en cuenta, porque durante mucha de nuestra vida, Él no ha sido parte de la ecuación.

COMO EN EL CIELO

Este proceso de tomar a Dios en cuenta, este proceso de permitirle ayudar y sanar y satisfacer nuestra alma, ha sido el tema de este libro. Pero ajustarse a la realidad de Dios no solo se trata de las décadas que pasamos en este planeta. Las decisiones y los cambios y las transiciones que suceden en nuestra vida son mucho mayores que esta vida.

Nuestra alma es eterna. Eso es lo que la Biblia enseña. Nuestra alma tuvo un principio, pero no tiene fin. Nosotros no cesamos de existir simplemente. Este cuerpo físico y su existencia terminarán, pero el usted interior y el yo interior van a estar aquí por siempre.

Si medita en eso por un momento, es suficiente para quemar un circuito cerebral. Estamos acostumbrados a que las cosas tengan un punto de inicio y un punto final. Cuando algo malo pasa, decimos: —No te preocupes, esto pasará.

Cuando algo bueno sucede decimos: —Todo lo bueno tiene que terminar.

Pero, por definición, "por siempre" nunca terminará. La mayor parte del tiempo, apenas y puedo pensar más allá del siguiente fin de semana, mucho menos comprender la eternidad. Tengo suerte de saber lo que voy a hacer para el almuerzo; ¿cómo puedo hacer planes para "por siempre" Y, no obstante, pensar en la eternidad es una de las cosas más saludable que puedo hacer para mi alma.

Se lo voy a probar. Probablemente haya escuchado el Padre Nuestro. Es posible que incluso lo haya memorizado. Se encuentra en Mateo 6. Jesús les estaba enseñando a sus discípulos a orar, y les dio un modelo de oración, un ejemplo de cómo podían orar.

No hay nada mágico con respecto a esta oración. No es un

encantamiento que repetimos para hacer que Dios nos dé lo que queremos. Más bien, es una ilustración de lo francas y prácticas y confiadas que deben ser nuestras oraciones a Dios. Estas son las primeras líneas:

> Padre nuestro que estás en los cielos, santificado sea tu nombre. Venga tu reino. Hágase tu voluntad, como en el cielo, así también en la tierra (vv. 9-10).

Jesús está diciendo que cuando dialogamos con Dios, necesitamos considerar dónde está nuestro Padre: Él está en el cielo. Jesús está diciendo: —Quiero que el cielo esté en su mente cuando le hablen a Dios.

¿Por qué es importante? Porque la Tierra es lo que consume nuestra mente con más frecuencia. Incluso cuando nos acercamos a Dios en oración, a menudo lo hacemos desde una perspectiva limitada, finita. Vemos el tamaño de nuestros problemas en lugar del tamaño de nuestro Dios. Vemos nuestra debilidad en lugar de la fuerza de Dios.

Jesús continuó: —Quiero que pidan que el Reino de Dios sea establecido y que se haga su voluntad en la Tierra como *en el cielo.*

Esa frase "como en el cielo" se pegó a mi vida y no quiere dejarme ir. Ese pensamiento debería ser el tema de los seguidores de Jesús alrededor del mundo. Debemos vivir a la luz de la realidad del cielo. Nuestra vida debería estar enmarcada por la frase "como en el cielo".

Esta es una escritura más. Pablo le escribió esto a la iglesia de Colosas:

> Si, pues, habéis resucitado con Cristo, buscad las cosas de arriba, donde está Cristo sentado a

la diestra de Dios. Poned la mira en las cosas de arriba, no en las de la tierra. Porque habéis muerto, y vuestra vida está escondida con Cristo en Dios (Colosenses 3:1-3).

Pablo y Jesús estaban comunicando lo mismo: debemos orientar y organizar nuestra vida alrededor de la realidad del cielo.

No sé de usted, pero soy bastante bueno en organizar mi vida alrededor de la realidad de este mundo. Es fácil. Responsabilidades, citas, cuentas, dolencias, dolores, frustraciones, molestias, relación, vacaciones, retiro; es natural construir nuestra vida alrededor de estas cosas. Es lo que hacemos por defecto.

Pero estos versículos nos dicen que las cosas han cambiado ahora. Para los de nosotros que hemos puesto nuestra fe en Jesús, nuestra alma ha cobrado vida. Ahora todo es diferente. No tenemos que vivir como lo hacíamos antes. Ahora nuestra vida gira no alrededor de prioridades y problemas y pasiones terrenas, sino alrededor del cielo. Podemos estructurar nuestra vida tomando la eternidad en cuenta.

EL CIELO AHORA

Seré honesto: he dejado el cielo en el estacionamiento. He olvidado que mi realidad se ha expandido y que mi enfoque ha cambiado. Ha habido muchas veces en las que he comenzado a orientar mi vida una vez más alrededor de lo que veo, toco, siento y escucho. Gracias a Dios por personas—usualmente mi esposa—que me dicen: —Judah, ¿dónde está el cielo en todo esto? ¿Dónde está Jesús?

Mantener el cielo en nuestra mente es saludable para nuestra alma. Estamos cerrando el ciclo con esto, porque nuevamente: comencé este libro afirmando que nuestra alma encuentra su hogar en Dios. Pero la meta final de nuestra alma no es pasar algunas décadas con Dios en este adolorido, contaminado planeta llamado Tierra. Es pasar la eternidad con Él en un lugar llamado cielo. Nuestra alma encuentra su hogar en Dios, y el cielo es el contexto en el que esa relación florecerá mucho después de que esta vida cese. Por lo tanto, nuestra alma es más saludable cuando está enfocada en la realidad de una eternidad con Jesús.

Nuestra alma necesita el cielo.

La mayoría de nosotros probablemente no pasemos mucho tiempo pensando en el cielo. ¿Por qué? Porque la Tierra interfiere. La Tierra está presente y es demasiado tangible. Nuestros cinco sentidos están constantemente al tanto de esta realidad. Pero el cielo es eterno, etéreo, invisible. Probablemente esa sea parte de la razón por la que olvidamos el cielo: no podemos comprenderlo con nuestra mente.

Para muchas personas la palabra cielo evoca imágenes de bebés de grandes mejillas tocando el arpa en las nubes. Eso es extraño, físicamente imposible y totalmente poco atrayente. Yo no quiero tocar un arpa en un pañal. Jamás. Y espero en Dios que mi cuerpo eterno no parezca un comercial de pañales desechables. Estoy esperando verme como Wolverine.

Otras personas visualizan el cielo como un servicio de la iglesia sin fin. Eso tampoco es muy emocionante, si somos honestos. He asistido a más servicios en la iglesia de los que puedo contar, y algunos de ellos definitivamente se han sentido eternos. Y no en una buena manera. Recuerdo haber pensado: *Si así va a ser el cielo, no estoy seguro de querer dejar la Tierra. Esto se siente más como el otro lado.*

Perdón; eso es terrible. Incluso si es verdad. Pero mi punto es que el cielo no va a ser una tortura y no va a ser aburrido. ¿Cómo lo sé? Solo mire la Tierra. En general, esta vida es maravillosa. Incluso en un mundo deformado por la presencia de la enfermedad, el dolor, el mal y la muerte, la vida sigue siendo asombrosa. Tiene placer, alegría, emoción y satisfacción. Entiendo que hay personas cuyas vidas *no* se caracterizan por esas cosas, y no quiero minimizar su sufrimiento. Probablemente no estén de acuerdo con que la vida es buena. Pero creo que la mayoría de nosotros podemos por lo menos ver el potencial que este mundo tiene. Tenemos momentos y estaciones de disfrute que nos dan una probada de lo que la vida puede ser si el pecado y el dolor dejaran de entremeterse.

Si la Tierra tiene tanto que ofrecer, el cielo no va a ser algo menor. El cielo será lo que la Tierra nunca pudo ser por causa del pecado, y todavía más.

El libro de Apocalipsis es uno de los libros más dramáticos y descriptivos de la Biblia. Fue escrito por el apóstol Juan mientras estaba viviendo en el exilio por su fe en Patmos, una isla prisión frente a la costa de Grecia. Juan está relatando una visión que tuvo, aparentemente después de haber comido algunos hongos silvestres que encontró en la playa. Nuevamente, estoy bromeando. Pero es un libro bastante vívido y colorido, así que lo hace a uno imaginarse cosas.

Si puede lograr pasar las descripciones de las batallas y las bestias, llega a los capítulos 21 y 22 que son absolutamente asombrosos. Pintan una imagen del destino final de nuestra alma: la eternidad en el cielo con Jesús. Las descripciones de Juan son espectaculares. Cuando uno las lee, puede decir que Juan no pudo describir a plenitud lo que vio en su visión. Se queda sin palabras y metáforas. Los sentidos, la terminología y la experiencia humanos no son suficientes para que podamos comprender a plenitud lo que Dios ha preparado para nosotros en la eternidad.

El cielo está más allá de nuestro entendimiento finito, pero no significa que no sea importante o relevante. De hecho, lo opuesto es verdad. La existencia del cielo nos da perspectiva en la Tierra.

Esa es precisamente la razón por la que Jesús nos alienta a pensar y vivir y orar por esta Tierra desde la perspectiva de "como en el cielo". Al igual que Jesús, nuestra vida debería ser impactada dramáticamente por la realidad de la eternidad y el cielo, porque ese es nuestro hogar legítimo. Esta existencia terrenal es solo por un momento. El cielo es eterno. Debemos vivir nuestra vida preocupados por la eternidad.

Juan 3:13 dice acerca de Jesús: "Nadie subió al cielo, sino el que descendió del cielo; el Hijo del Hombre, que está en el cielo". Jesús *vino del* cielo y el *regresó* al cielo. En otras palabras, los treinta y tres años que pasó en la Tierra estuvieron rematados por la eternidad. Vivió aquí sabiendo de dónde había provenido y hacia dónde iba. El cielo estaba en su mente todo el tiempo.

Jesús vivió del cielo a la Tierra. Pensaba primero en el cielo, luego en la Tierra. Miraba lo que importaba arriba, y permitió que eso definiera sus valores y emociones y decisiones acá abajo. Su vida y ministerio y enseñanzas en este pequeño planeta que flota en la Vía Láctea estuvieron profundamente enmarcadas por su perspectiva celestial.

Si vamos a vivir como Jesús, necesitamos pensar más en el cielo. Es tan sencillo como eso. Irónicamente, cuando hablamos de nuestras pasiones y prioridades, con frecuencia vemos como si este planeta fuera para siempre y el cielo fuera temporal. Jesús vino a mostrarnos una nueva manera de ser humanos, una nueva manera para que nuestra alma abordara y procesara la vida.

Realmente creo que el para siempre importa hoy. Creo que el pensamiento de la eternidad, de la dicha que experimentaremos y del amor eterno y de la presencia de Dios puede ayudar a poner nuestro dolor y nuestros problemas en la proporción adecuada.

Sé que perdí mi empleo, pero no voy a perder la cabeza. Sé que mis relaciones están un poco inestables en este momento, pero Dios es fiel. Estas cosas pasarán. Mi futuro es seguro y mi eternidad está garantizada.

Encontramos paz, estabilidad y cordura para nuestra alma cuando enmarcamos nuestra existencia en el contexto del cielo. El cielo no es un concepto ambiguo, al azar que solo hará sentido en nuestro lecho de muerte. El cielo nos puede servir hoy a medida que consideramos la brevedad de esta vida y determinamos vivir a la luz de la eternidad. Las complejidades y desafíos de la vida serían mucho menos complejos y desafiantes si abordásemos cada día como Jesús: del cielo a la Tierra.

¿Cómo lucirían nuestras idas y venidas promedio, diarias, si viviéramos así? No solo estoy hablando acerca de cómo oramos. Estoy hablando acerca de cepillarnos los dientes, repostar gasolina y trabajar en nuestros empleos de nueve a cinco y llevar paquetes de jugo a los equipos de fútbol de nuestros hijos. Estoy hablando acerca de lo que llena nuestra vida ordinaria y cotidiana, pero haciéndolo mientras continuamente contemplamos la eternidad en el cielo. Me pregunto cómo afectaría esto nuestro hablar, nuestro andar, nuestro vivir, nuestro socializar, nuestro matrimonio y nuestros hijos.

Entre más vivamos del cielo a la Tierra—esto es, entre más

orientemos y ajustemos nuestra vida para tomar en cuenta la eternidad— más saludable y feliz será nuestra alma.

CÓMO MANTENERLO CLARO

Dije anteriormente que a medida que le hacemos espacio a Jesús, caemos en cuenta de que la vida es mayor que nosotros. Vemos que es más que acerca de nuestras necesidades y aficiones. La vida comienza con Dios, termina con Dios y señala a Dios.

La descripción del cielo en Apocalipsis 21 y 22 es una clara ilustración de esto. En estos capítulos, el cielo es simbolizado por la ciudad de Jerusalén. Usted notará que, vez tras vez, esta ciudad es descrita usando frases como "diáfana como el cristal", o "transparente como el vidrio". Incluso las calles, que son hechas de oro, son transparentes.

¿Por qué? Creo que el capítulo 21 versículo 23, da la respuesta: "La ciudad no tiene necesidad de sol ni de luna que brillen en ella; porque la gloria de Dios la ilumina, y el Cordero es su lumbrera".

Creo que el cielo es transparente para que Dios sea visto más claramente.

La meta máxima de la Tierra y el cielo es Dios. Él es el enfoque de esta vida y de la vida por venir. Su gloria llena el cielo. Su justicia permea el cielo. Su amor se difunde en el cielo. El poder de Dios es todo lo que será necesario para llenar el universo para siempre con luz brillante y radiante. Así es lo magnífico, glorioso, generoso y lleno de gracia que Dios es. Satura la eternidad. Todo el cielo tiene su forma por Él.

Si la presencia de Dios y su gloria y su bondad iluminan el cielo, deberían ser el punto focal de la Tierra también. Así que, si usted es maestro de primer grado, deje que la gloria de

Dios le dé forma a su enseñanza. Enséñeles a esos alumnos de primero como nadie les ha enseñado a alumnos de primero antes. Y a través de eso, Dios recibirá gloria.

Si usted es barista—y hay muchos de ellos aquí en Seattle—salude a sus clientes como si cada uno fuera el amor y posesión única de Dios mismo, porque esa es la verdad. Apréndase su nombre y atiéndalos y hágales bebidas que ningún barista ha hecho antes, porque su "baristicidad" refleja la gloria de Dios, y al hacer un "latte" triple alto, está añadiendo a la gloria de Dios.

Si es jardinero, pode céspedes como nadie ha podado céspedes antes. Haga las orillas tan perfectas que sus clientes queden pasmados porque su poda de césped tiene la forma de la gloria de Dios. Usted le añadirá a esta gloria con su pasión y creatividad.

Si es pintor, pinte con todo su corazón. Pinte en maneras que nadie ha explorado, con colores y texturas y atrevimiento e innovación, y que su arte sea moldeado y formado por su gloria.

Si usted es un padre que se queda en casa, ame a sus hijos y pague sus cuentas y administre su casa, sabiendo que lo que usted hace cuando nadie está mirando o aplaudiendo va a marcar una diferencia para las generaciones venideras. Usted es un héroe y refleja la gloria de Dios en todo lo que hace.

Si predica, predique. Si escribe libros, escriba libros. Si arregla coches, arregle coches. Que todo lo que haga este coloreado por la brillantez y majestad y magnificencia de Dios.

Cuando su vida está moldeada por la gloria de Dios, hay una buena probabilidad de que algunas personas digan que está loco. Quizá digan que usted ha ido demasiado lejos. Pero usted ha probado y ha visto que el Señor es bueno. Usted ha experimentado solo una porción de su grandeza, su esencia, su belleza y su majestad, y todo su ser ha sido penetrado por el poder y la pasión por Jesús. Así que usted irá hasta los confines de la Tierra si eso es lo que le pide, porque usted ha determinado vivir esta vida a la luz del cielo.

La eternidad está llamando su alma. Lo inspira a despertar, a soñar de nuevo y a tomar riesgos. Le pide que persiga visiones que están definidas no por el temor o los deseos egoístas o las emociones manipuladas, sino por la gloria de Dios y la realidad del cielo.

ETERNIDAD EN NUESTRO CORAZÓN

Usted fue diseñado para encontrar su hogar en Dios, ambos durante esta vida y por la eternidad en el cielo. Así que cuando usted vive con el cielo puesto delante de usted, su alma encontrará satisfacción y salud como nunca antes.

Creo que la razón por la que mucha gente expresa un sentimiento de que algo no está bien, de que algo falta, es porque su alma anhela una cercanía con Dios que no puede ser satisfecha hasta que vuelvan a Aquel que los creó. Como concluyó Blaise Pascal, un matemático, físico, inventor, escritor y filósofo francés del siglo diecisiete: "Este abismo infinito solo puede ser llenado con un objeto infinito e inmutable; en otras palabras, por Dios mismo".[1]

El gran rey Salomón lo dijo en esta manera: "[Dios] todo lo hizo hermoso en su tiempo; y ha puesto eternidad en el corazón de ellos" (Eclesiastés 3:11). En otras palabras, su alma jamás estará completa hasta que encuentre su hogar eterno en Dios. Usted fue hecho para el cielo y el cielo fue hecho para usted.

Probablemente necesite encontrarse por medio de encontrar a Dios, por ver la vida a la luz de la eternidad que fue diseñada por Él y que lo señala a Él. Su "rutina diaria" su existencia del día a día, tomará un significado infinito cuando caiga en cuenta de que el Creador del cosmos lo está llamando a sí mismo.

¿Dónde puede su alma encontrar sanidad y restauración? ¿Quién es la fuente de realización máxima? ¿Cómo puede navegar esta vida impredecible y con frecuencia dolorosa?

La respuesta es Dios, quién revela su amor y gracia hacia nosotros por medio de Jesús. Él es su esperanza, y es salud para su alma.

Venga a casa a Él.

CONCLUSIÓN

¡Gracias por acompañarme en esta travesía! Espero que lo haya ayudado a estar más consciente de las necesidades de su alma. Pero todavía más que eso, espero que lo haya alentado a permitir que su alma se encuentre a sí misma en Dios; a permitirle amarlo, sanarlo, fortalecerlo y guiarlo todos los días. La relación del alma que usted tiene con Dios es única, hermosa y completamente suya. Este libro es solo el comienzo de un estilo de vida de conocerlo. A medida que permita que su amor llene e inunde su alma, encontrará una profundidad de plenitud que quizá nunca soñó que fuera posible.

El andar de su alma con Dios no es un ritual vacío o religión, sino una experiencia dinámica, orgánica y siempre nueva con Él. Usted está en un proceso. Usted se encuentra en una travesía. ¡Dios está trabajando en su alma, y yo verdaderamente creo que sus mejores días todavía están por delante!

AGRADECIMIENTOS

Estoy muy emocionado de agradecerle a las personas que hicieron este proyecto posible:

Chelsea

Zion

Eliott

Grace

Mamá

Justin

Carla

BJ

Christy

Fetu

Esther

Elijah

Annemarie

Leon

Troy

Teri

Jon

Billy

Mark
Y a toda nuestra comunidad
¡Y con todo mi corazón a JESÚS!

NOTAS

CAPÍTULO 2: EL HOGAR ORIGINAL

1. Zosia Chustecka; "WHO Clarifies Processed Meat/Cancer Link after 'Bacon Gate'" [La OMS clarifica vínculo entre la carne y el cáncer después del "escándalo del tocino"]; Medscape; 11 de abril de 2016; http://www.medscape.com /viewarticle/853566.
2. F. Brown, S. R. Driver, y C. A. Briggs; Enhanced Brown-Driver-Briggs Hebrew and English Lexicon [Léxico mejorado Brown-Driver-Briggs hebreo-inglés]; Oxford; Clarendon Press; 1977; p. 712.
3. "Introduction to Montessori Method" [Introducción al método Montessori]; American Montessori Society; http://amshq.org /Montessori-Education/Introduction-to-Montessori.

CAPÍTULO 3: SORPRENDIDO POR MI ALMA

1. Jonah Lehrer; "The Science of Irrationality: Why We Humans Behave So Strangely" [La ciencia de lo irracional: Por qué los seres humanos nos comportamos tan extraño]; Scientific American; 21 de mayo de 2008; http://www.scientificamerican .com/article/the-science-of-irrational/.

CAPÍTULO 5: ¿ES EL AMOR DIOS O ES DIOS AMOR?

1. T. Friberg, B. Friberg, y N. F. Miller; Analytical Lexicon of the Greek New Testament, vol. 4 [Léxico analítico del griego del Nuevo Testamento]; Grand Rapids, MI; Baker Books; 2000; pág. 355.

CAPÍTULO 6: UN ALMA ACALLADA

1. W. Gesenius, y S. P. Tregelles; Gesenius' Hebrew and Chaldee Lexicon to the Old Testament Scriptures [Léxico hebreo y caldeo de las Escrituras del Antiguo Testamento de Gesenius]; Bellingham, WA; Logos Bible Software; 2003; pág. 809.

CAPÍTULO 10: EL CIELO

1. Blaise Pascal; Pensees; New York; Penguin Books; 1966; pág. 75.

ACERCA DEL AUTOR

Judah Smith es el pastor principal de The City Church en Seattle, Washington. The City Church es una iglesia multisitio floreciente conocida por su relevancia cultural, compromiso con la integridad y la fe bíblicas, y el amor por Jesús. Judah es conocido alrededor de los Estados Unidos y el mundo por su ministerio de predicación. Sus mensajes prácticos, divertidos, le quitan lo místico a la Biblia y hacen el cristianismo real. Judah también es el autor del libro de mayor venta del *The New York Times Jesús es* _____ y es coautor del libro de historias bíblicas *I Will Follow Jesus [Seguiré a Jesús]*.